Klara Butting

Erbärmliche Zeiten – Zeit des Erbarmens

Theologie und Spiritualität der Psalmen

Erev-Rav-Hefte
Biblische Erkundungen Nr. 15

Bibliographische Information der Deutschen Bibliothek

Butting, Klara :
Erbärmliche Zeiten – Zeit des Erbarmens :
Theologie und Spiritualität der Psalmen
Uelzen : Erev-Rav, 2013
(Biblische Erkundungen 15)
ISBN 978-3-932810-53-4

Druck: nordlanddruck, Lüneburg
Umschlagbild: H. N. Werkman, De engel van de laatste troost (1941)

Weitere Informationen unter: www.erev-rav.de
Bestellung: erev-rav@t-online.de

Für Gerard Minnaard,
dessen Glaube Wege sieht,
die es noch nicht gibt.

Inhalt

Einführung

Vertraut sind uns die Psalmen versweise. Vielleicht kennt die eine oder der andere den Psalm 23 von Anfang bis Ende oder wir haben einige Lieblingspsalmen, mit denen wir umgehen. Aber der Psalter als Buch spielt für unser Beten und Lesen der Psalmen in der Regel keine Rolle. Sicher ist jeder Psalm ein einzelnes Kunstwerk, das für sich steht und wahrgenommen werden will. Doch auch für die Psalmen gilt, was für jeden anderen bibischen Text eine Selbstverständlichkeit ist, dass sie in den Zusammenhang eines Buches gehören. Es gibt eine Buchkomposition „Psalter", die den Verstehensraum der einzelnen Psalmen bildet. Das Psalmenbuch bildet den literarischen Kontext, in dem die Psalmen verstanden werden wollen.

Markante literarische Phänomene gestalten das Buch der Psalmen.[1]

Die Ouvertüre

Die Psalmen 1 und 2 ordnen das Psalmenbuch in Israels Literatur und Geschichte ein und stellen die gesammelten Gebete in den Kontext einer globalen Auseinandersetzung um Solidarität und Gerechtigkeit.

Die Teilung in fünf Bücher

Das Buch der Psalmen ist aufgeteilt in fünf Bücher. Eine Segensformel, die im Laufe des Buches in leichter Variation vier Mal wiederholt wird, teilt den Psalter in fünf Buchabschnitte:

Ouvertüre	Psalm 1–2	
1. Buch	Psalm 3–41	Psalm 41,14 Gesegnet die Ewige, der Gott Israels, von der Weltzeit her und für die Weltzeit. Amen, Amen.
2. Buch	Psalm 42–72	Psalm 72,18 f. Gesegnet die Ewige, der Gott Israels, der Wunder tut, er allein. Gesegnet der Name seiner Ehre auf Weltzeit. Mit seiner Ehre fülle sich die ganze Erde. Amen, Amen.

3. Buch	Psalm 73–89	Psalm 89,53 Gesegnet die Ewige auf Weltzeit. Amen, Amen.
4. Buch	Psalm 90–106	Psalm 106,48 Gesegnet die Ewige, der Gott Israels, von der Weltzeit her und für die Weltzeit und alles Volk spreche: Amen. Halleluja!
5. Buch	Psalm 107–150	

Die Segensformel ist eine Intervention, die unterteilt, und eine Interpretation, die einen Deutungsweg aufzeigt. Gott wird gesegnet! Mit dieser Geste werden die Psalmen als Gottes Werk interpretiert. Gott handelt und spricht in den Gebeten der Menschen. Die Psalmen sollen als Gottes Wegweisung zum Leben gelesen werden.

Die Fünfteilung des Psalters unterstreicht diese Deutung. Sie ist im Kontext der Bibel, die mit den fünf Büchern Mose beginnt, ein Programm. Der Psalter steht als Antwort und Verarbeitung der Tora neben der Tora und will selbst als Gottes Weisung zum Leben, als Tora, verstanden werden.

Die Überschriften

Durch Überschriften werden einzelne Psalmen verknüpft und gedeutet. Wir begegnen den Töchtern und Söhnen Korachs und einem gewissen Asaf. Sogar Mose taucht auf, und auch dem Sabbat wird ein Psalm zugeschrieben. Aber vor allem treffen wir auf David. Nahezu die Hälfte aller Psalmen wird durch die Überschrift *„ledawid"* (von/für David) mit David in Verbindung gebracht. Einige davon werden außerdem mit bestimmten Situationen der Davidgeschichte, die die Samuelbücher erzählen, verknüpft.[2]

Die Davidfigur

„Mose gab den Israeliten die fünf Bücher der Tora, und David gab den Israeliten die fünf Bücher der Psalmen", mit diesen Worten beschreiben Israels Weise die Bedeutung der Davidfigur für den Psalter (Midrasch Tehillim). Der Psalter lebt von der Erinnerung und Bearbeitung der Davidgeschichte, wie sie die Samuelbücher erzählen. Diese Arbeit an der Davidfigur geht weit über die einzelnen Überschriften hinaus. Das Nachdenken über David und sein Königtum strukturiert den Psalter.

Im 1. und 2. Buch des Psalters dominieren die Davidpsalmen. Zum Abschluss des 2. Buches, in Psalm 72, markiert die Notiz „Zu Ende sind die Gebete Davids, des Sohnes Isais" einen Einschnitt. Diese Abschlussnotiz deutet gemeinsam mit der Überschrift „für Salomo" den 72. Psalm als das bittende Testament Davids für seinen Sohn Salomo. Davids Königtum wird an den Thronfolger Salomo übergeben und nun beginnt mit dem 3. Psalmenbuch die Zeit der Nachfolger. Das 3. Buch führt in die Krise. Sein Thema ist der Untergang des Staates und die Zerstörung Jerusalems. Das 3. Buch bildet den Tiefpunkt des Weges, auf den wir uns Psalmen lesend begeben. Es endet mit der Klage über das Scheitern des davidischen Königtums (Psalm 89). Doch auch nach dieser großen Klage über das Ende der davidischen Dynastie taucht David im 4. und 5. Buch des Psalters wieder auf, wenn neue Lebensperspektiven nach der Katastrophe entwickelt werden. Wie in der prophetischen Literatur wird auch in den Psalmen Israels Zukunft mit David verbunden.

Die Königspsalmen

Einen Schlüssel zum Verständnis des Psalmenbuches bilden die sog. Königspsalmen. Mit dieser Bezeichnung werden seit Anfang des 18. Jahrhunderts eine Reihe von Psalmen benannt, denen gemeinsam ist, dass sie von einem König handeln (Ps 2; 18; 20; 21; 45; 72; 89; 101; 110; 132; 144). Im Hintergrund dieser Psalmen vermuten die Gelehrten Hofdichterinnen und -dichter aus der Zeit der Könige. Solche Theologieproduktion im Dienste von Königshäusern war an den Königshöfen der umliegenden Großmächte üblich. Lieder und Texte rankten sich um Königinnen und Könige und ihre Götter. Die alttestamentliche Forschung vermutet, dass es in Israel Ähnliches gegeben hat. Auch in Israel werden Texte und Lieder für Inthronisationsfeierlichkeiten, zum Jahrestag eines Regierungsantritts oder zur Hochzeit des Königs produziert worden sein. In den Königspsalmen finden wir Fragmente dieser Texte. Auch als es in Israel längst kein Königtum mehr gab, wurden sie tradiert, bearbeitet und fortgeschrieben. Seit die Psalmenexegese die Buchkomposition des Psalters im Blick hat, ist deutlich geworden, dass die Königspsalmen für die Struktur und Theologie des Psalmenbuches eine zentrale Rolle spielen.[3] Die ersten drei Psalmenbücher werden durch die Psalmen 2, 72 und 89 strukturiert. Sie werden zu einem Weg der Auseinandersetzung mit dem davidischen Königtum. Psalm 2 berichtet die Einsetzung des Königtums. Gott interveniert gegen eine herrschende internationale Unordnung und stellt ihr seinen König auf dem Zion entgegen. Psalm 72 ist ein Gebet für den Königssohn. Am

Ende der ersten beiden Psalmenbücher steht die Weitergabe des Königtums und der mit ihm verbundenen Gerechtigkeitshoffnungen an die nächste Generation. Zum Abschluss des dritten Buches beklagt Psalm 89 den Untergang des Königtums Davids. Die Psalmen 2, 72 und 89 interpretieren die Psalmen 2–89 als einen Durchgang durch die Geschichte des davidischen Königtums – seine Stiftung, seine Vererbung und sein Versagen.[4] Nach der Klage über den Untergang des Königtums tauchen die Königspsalmen im 4. und 5. Buch an zentralen Stellen wieder auf. Die Auseinandersetzung mit dem Königtum wird aus den Trümmern der gescheiterten Königsgeschichte mitgenommen.

Gesprächspartnerinnen und Gesprächspartner

Im Folgenden werde ich einzelne Psalmen als Teil des Meditationsweges auslegen, auf den der Psalter führt. Ihre Spiritualität und Theologie werden im Zusammenhang dieses Weges beschrieben. Nur ausgewählte Psalmen werden besprochen. Auch das gesamte 5. Buch des Psalters kommt nicht zur Sprache.

Ein Kontext meiner Lektüre ist die Psalmenforschung der letzten Jahre, die von der Arbeit an der Komposition des Psalters geprägt ist. Gelehrte der alttestamentlichen Wissenschaft und ihre Bücher haben als Gesprächspartnerinnen und Gesprächspartner an meinen Auslegungen mitgewirkt.[5]

Ein weiterer Kontext ist das „Zentrum für biblische Spiritualität und gesellschaftliche Verantwortung“ an der Woltersburger Mühle.[6] An diesem Ort haben wir in den letzten Jahren bei den Bibel-Lese-Tagungen, in Seminaren und bei Sabbattagen Psalmen gelesen, gebetet und gesungen. Aus unseren Gesprächen und den Erfahrungen beim Murmeln und Singen der Psalmen ist dieses Buch gewachsen. Mit der Lektüre der Psalmen haben wir eine Herausforderung unseres Standortes aufgegriffen. Die Woltersburger Mühle, auf deren Gelände unser Verein „Erev-Rav, Verein für biblische und politische Bildung“ seinen Ort gefunden hat, gehört einem Arbeitslosenprojekt. Auf dem Gelände lernen junge Frauen und Männer, die an der Hauptschule oder am Arbeitsmarkt gescheitert sind, in verschiedenen Werkstätten sich im Leben und auf dem Arbeitsmarkt zurechtzufinden. Sie bestimmen den Alltag und fragen durch ihre Gegenwart nach der gesellschaftlichen Relevanz unseres Glaubens und der politischen Gestalt unserer Spiritualität. In dieser Auseinandersetzung ist deutlich geworden, dass das politische Selbstverständnis des christlichen Glaubens in den letzten Jahren in den Hintergrund getreten ist. Wir gehen eher pilgern als demonstrieren, machen spirituelle Erfahrungen eher in der Stille als bei der Besetzung von Bohrplätzen oder der Blockade von Bauzäunen, und die Forderung nach Frauenpräsenz in männerdominierten Räumen ist Genderarbeit gewichen. Eine neue Verständigung über die politischen Dimensionen unseres Glaubens ist nötig. Unser Bedürfnis nach geistlichen Erfahrungen muss auch angesichts der Not arbeitsloser Jugendlicher sprachfähig werden. In dieser Situation ist das Psalmenbuch eine Sprachschule. Die Berührung von Spiritualität und Politik gehört zur Programmatik des Psalters. Beim Lesen der Psalmen wird das alte Leitmotiv der Frauenbewegung „das Private ist politisch" neu erlernt.

Eine Glaubensschule

Lange Zeit spielte die Frage nach dem „Sitz im Leben" der einzelnen Texte bei der Interpretation der Psalmen eine zentrale Rolle. Bestimmte Feste oder Gottesdienste wurden als historischer Hintergrund ausgemacht oder ersonnen. Die Bedeutung der Psalmen im Tempelbetrieb wurde erforscht. Die historischen Zuordnungen waren allerdings häufig von einer gewissen Willkür geprägt, sodass über die Entstehungszeit und den gesellschaftlichen Hintergrund einzelner Psalmen unter den Gelehrten oft große Uneinigkeit herrschte. Als ein Beispiel nenne ich Psalm 13, der aufgrund seiner klaren Formen (Klage, Bitte, Lob) lange Zeit als sehr altes Gebet eingestuft wurde. „Da der Psalm in sich selbst so wenig Konkretes enthält, hat man ihn gerne für alt gehalten", resümiert Manfred Oeming, um dann das Gegenteil zu behaupten. „Im Unterschied zur alten Formgeschichte, die am Anfang die reinen Formen vermutete, die sich im Laufe der Zeit vermischt und allmählich aufgelöst hätten, hat der Gedanke an Raum gewonnen, dass die einfachen Formen das Endergebnis längerer Prozesse sind."[7] Und so gilt Psalm 13 den einen als Gebet aus der Königszeit, den anderen als ein ganz spätes Produkt der nachexilischen Geschichte.

Die Datierung von Psalmen ist schwierig. Nur selten werden in den Psalmen konkrete Ereignisse benannt, die einen Text datierbar machen. Die Psalmen sind Gebete eines Kollektivs. Sie bleiben in ihrer Sprechweise bewusst zeitlos, weil sie unterschiedlichen Menschen in immer neuen Situationen Worte geben wollen. Außerdem haben viele Psalmen eine lange Entstehungsgeschichte. Textfragmente aus alten Liturgien werden tradiert und umgedichtet, sie werden von denen, die den Psalter herausgegeben bzw. Teilsammlungen zusammengestellt haben, weitergeschrieben. Doch auch wenn sich der „Sitz im Leben" der meisten Psalmen nicht ermitteln lässt, sie geben durch ihren „Sitz in der Literatur" Auskunft über den Problemhorizont, in dem sie verstanden werden wollen.

Die Chronologie der Geschichte Israels strukturiert den Psalter. Beim Psalmenlesen werden das Scheitern des davidischen Königtums, der Untergang der Staaten Israel und Juda und ein mühsamer Neuanfang zu einem Bestandteil unserer Geschichte. Es geht um die „grundsätzlichen Fragen, was Israel ist, wo die Nähe des Gottes Israels zu erwarten ist, wie Israel sich zu den Völkern verhalten soll. In diesem Sinne verfolgt der Psalter auch ein Konzept der Identitätsbildung für Israel".[8] Für Christinnen und Christen, die aus den Völkern stammen und keine jüdischen Wurzeln haben, wird der Psalter zu einer Glaubensschule. Wir geraten in die Bundesgeschichte Gottes mit seinem Volk hinein und lernen, als Partnerinnen und Partner dieser Geschichte zu agieren. Eine „Sprachschule für neu Hinzugekommene aus den Völkern" hat Matthias Loerbroks das Psalmenbuch genannt. „Zunächst als Gast- und Nebenhörer, als Forum, dann auch als Mitsprechende lernen sie, ihren Platz, ihre Rolle im Bund zu finden, schließlich mit Israel den Namen des Herrn anzurufen und auszurufen, ihm zu klagen, ihn anzuflehen, seine Nähe, sein Antlitz zu suchen, seine großen Taten zu preisen."[9] Wir werden in Israels Ringen um eine gerecht gestaltete Gemeinschaft mit hinein genommen. Verschleppung und Versklavung, menschenverachtende Herrschaft globaler Eliten, politische Ohnmacht, massenhafte Verelendung und gesellschaftliches Abseits werden Teil unserer kollektiven Erinnerung. Furchtbare Not schreit aus den Psalmen. Wer Psalmen liest, übt die Beharrlichkeit und den langen Atem, die für die Suche nach Lebenswegen nötig sind, und lernt die Spuren Gottes in der eigenen Gegenwart zu entdecken.

Die Chronologie der Geschichte Israels als Ordnungsprinzip des Psalters betont den politischen Charakter unseres Betens. Der Psalter bindet uns an diese Geschichte und verlangt ihre Verarbeitung. Unausweichlich gehört zum Gebet die Auseinandersetzung mit Gestalt und Politik des Gemeinwesens. Die Chronologie zielt auf die aktuelle politische Auseinandersetzung, nicht auf historische Rekonstruktion. Weder die Zeit Davids noch die Geschichte irgendeines Königs wird im Psalter in ihrem ursprünglichen Verlauf erschlossen. Es geht um die Jetztzeit der Gemeinde. Auch der David des 1. und 2. Psalmenbuches ist keine Figur der Vergangenheit, so wenig wie die Davidzuschreibungen in den Überschriften Angaben machen über die historischen Wurzeln der Psalmen. Die Psalmen werden David zugeschrieben und zeichnen seine Geschichte nach, weil eine gemeinsame Geschichte verarbeitet und um eine gemeinschaftliche Zukunft gestritten werden muss. Auch die Königspsalmen schüren nicht nostalgische Sehnsucht nach einem König, sondern wollen im Gedenken vergangener Konflikte Lebensperspektiven entwerfen. Mit Hilfe der Davidfigur und der Königspalmen buchstabiert der Psalter seine Erwartung des Messias – so der Titel des Königs in der Hebräischen Bibel, der im Psalter immer wieder begegnet. Die politische Institution des „König-Messias" wird zu einer theologischen Kategorie, die zur Auseinandersetzung mit herrschenden Gewaltverhältnissen befähigt.[10] Die Hoffnung, dass gerechtes Zusammenleben trotz Fremdherrschaft und Besatzung gestaltbar ist, wird aus den Trümmern der Geschichte geborgen. Diese Hoffnung prägt den gesamten Psalter. Im 4. Buch des Psalters wird der Weg aus der politischen Katastrophe durchbuchstabiert, doch seine Themen bestimmen auch die ersten drei Bücher des Psalters. Der Schulungsweg, auf den wir uns Psalmen lesend begeben, bewegt sich in Spiralen. Einzelne Problemstellungen kehren wieder und werden vertieft.

Gotteswort und Menschenwort

Zu Beginn seiner Psalmenauslegungen lehrt Dietrich Bonhoeffer uns das Staunen über den Psalter, der Worte an Gott als Worte von Gott überliefert: „Es ist zunächst etwas sehr Verwunderliches, dass es in der Bibel ein Gebetbuch gibt. Die Heilige Schrift ist doch Gottes Wort an uns. Gebete aber sind Menschenworte. Wie kommen sie daher in die Bibel? Wir dürfen uns nicht irremachen lassen: die Bibel ist Gottes Wort, auch in den Psalmen. Sind also die Gebete zu Gott – Gottes eigenes Wort?"[11] Das Staunen erfasst die Programmatik des Psalters und eröffnet einen Zugang zu den Psalmen. Die Psalmen sind mehr als die Worte ihrer Dichterinnen und Dichter. Sie sind ein sozialer Raum. Hier hören wir die Stimmen unserer Mütter und Väter im Glauben; hier erstehen zentrale Figuren unserer Glaubensüberlieferung wie David oder Mose; hier lernen wir die Auseinandersetzung mit Israels Gottheit; hier ereignet sich Gottes Wort und Antwort auf unser Rufen. In der folgenden Auslegung werden die Psalmen deshalb auch grammatikalisch immer wieder zum Subjekt. Die grammatikalische Form zeichnet nach, dass die Psalmen in unsere Wirklichkeit eingreifen und sie verändern. Sie schaffen einen Erfahrungsraum, in dem sich die Gottheit Israels ereignet. Wenn wir Psalmen beten, werden die Ewige Gottheit und die Geschichte unserer Mütter und Väter unter uns gegenwärtig und suchen sich unter uns zu vollenden.

Als Erfahrungsraum des Wortes Gottes ist der Psalter für das Verständnis des biblischen Kanons grundlegend. Die Einsicht, dass in

Menschenworten Gottes Wort vernommen wird und unsere Antwort auf Gottes Ruf zu Gottes Wort dazugehört, hat der ganzen Bibel ihre Gestalt gegeben. Geschichten von Menschen gehören zur Bibel. Die Reaktionen der Gemeinde auf Gottes Ruf und Geschichte sind Teil des Kanons. Der Weg mit Israels Gott, auf den wir gerufen werden, ist nicht nur Ja und Amen sagen. Wir sind zur Teilhabe gerufen. Unsere Auseinandersetzungen, unser Klagen, Schreien, Fragen, unser Wunsch nach Vergeltung, unsere Worte für Hoffnung und Enttäuschung gehören zu Gottes Wort und Weisung. Die kanontheologische Grundentscheidung, die der Psalter verkörpert, ist von äußerster politischer und spiritueller Brisanz, weil sie Buchstabengläubigkeit und Fundamentalismus die biblische Grundlage entzieht. Die Bibel versteht Gottes Wort als ein Ereignis, das sich unter Menschen in ihrem Gespräch mit Gott und Menschen einstellt.

Der Mantel des Messias

Der Psalter ist ein Buch über den Messias, den Christus-König. Die Davidfigur und die Königspsalmen geben ihm dieses Gesicht. Nicht zufällig haben die Psalmen Pate gestanden, als die Freunde und Freundinnen Jesu von seinem Leben und seiner messianischen Würde zu erzählen versuchten. Wesentliche Elemente der Erzählungen über Jesus Messias in den Evangelien sind aus der Lektüre des Psalters hervorgegangen. Ob die Worte, die Jesus bei seiner Taufe hört, oder die Worte, die er sterbend spricht – Psalmen haben diesen Erzählungen ihre Gestalt gegeben. Die Psalmen erfreuten sich deshalb unter christlichen Theologen und Theologinnen schon immer großer Beliebtheit – bis hin zu dem Phänomen der Bibelausgaben, die nur Psalmen und neutestamentliche Texte enthalten. Obwohl christliche Theologie die Bedeutung des Psalmenbuches für das Verstehen des Christus-Messias erkannt hat, wurde allerdings Jesu Messianität häufig vom Messianismus des sog. Alten Testaments isoliert und unabhängig oder sogar in Abgrenzung davon beschrieben. Wir haben gelernt und gelehrt, dass Jesus die jüdischen Messiaserwartungen zurückgewiesen habe. Als im Oktober 2006 die Bibel in gerechter Sprache[12] erschien, begann innerhalb der Kirche eine öffentliche Diskussion über dieses Thema. In der Bibel in gerechter Sprache ist von „Jesus, dem Messias" die Rede. Das griechische Wort *christos,* das in den deutschen Übersetzungen in der Regel unübersetzt bleibt, wird mit dem aus dem Judentum gekannten Wort Messias wiedergegeben und durch den Gebrauch des Artikels als ein Titel gekennzeichnet. Diese Übersetzung hat Kritik hervorgerufen.

Jesus Christus sei in neutestamentlicher Zeit bald „allgemein als Doppelname gebraucht", kritisierte z. B. Karin Bornkamm. „Indem die neue Bibel den Christusnamen konsequent mit Messias übersetzt, macht sie die Entwicklung vom historisch abständigen Würdetitel zum vertrauten Namen in gewisser Weise rückgängig. Der Leser wird in eine religiöse Tradition hineingestellt, die nicht die seine ist – das gilt auch für uns als Heidenchristen. Der Text gerät so in eine religionsgeschichtliche Entfernung, die erst eine Erklärung der jüdischen Heilshoffnung verlangt, um verstanden zu werden."[13] Der Titel Messias wird abgelehnt, weil er für Christinnen und Christen die Zumutung beinhalte, sich mit jüdischen Heilshoffnungen beschäftigen zu müssen. Die Hoffnungen und Verheißungen der jüdischen Bibel, unseres ersten Testaments, werden als abständige historische Phänomene eingestuft, die für den christlichen Glauben keine Rolle spielen.

Die christliche Abwehr der jüdischen Heils- und Messiaserwartungen richtete sich vor allem gegen die politischen Aspekte, die der Name Messias in sich birgt. Gershom Scholem sieht hier den Kern des Konfliktes zwischen Judentum und Christentum. „Das Judentum hat, in allen seinen Formen und Gestaltungen, stets an einem Begriff von Erlösung festgehalten, der sie als einen Vorgang auffasste, welcher sich in der Öffentlichkeit vollzieht, auf dem Schauplatz der Geschichte und im Medium der Gemeinschaft, kurz, der sich entscheidend in der Welt des Sichtbaren vollzieht und ohne solche Erscheinung im Sichtbaren nicht gedacht werden kann. Demgegenüber steht im Christentum eine Auffassung, welche die Erlösung als einen Vorgang im ‚geistlichen' Bereich und im Unsichtbaren begreift, der sich in der Seele, in der Welt jedes einzelnen, abspielt und der eine geheime Verwandlung bewirkt, der nichts Äußeres in der Welt entsprechen muss."[14] Den politischen und gesellschaftlichen Herausforderungen, die mit dem Messias-Titel in der Hebräischen Bibel und der jüdischen Überlieferung mitschwingen, hat sich das Christentum in seiner Mehrheit verweigert. Das Nachdenken über Jesus Christus ist von dieser Weigerung fundamental geprägt. Die Aussagen über Jesus Christus werden gewonnen, als würde „das, was über Jesus Christus zu sagen ist und was von ihm theologisch gelten soll, zunächst unabhängig von der Schrift und damit logisch wie theologisch vor ihr" feststehen.[15] Doch allein der umgekehrte Weg ist möglich. Wir wissen nämlich nicht, was Christus heißt, wenn wir nicht zuerst lernen, was die jüdische Tradition mit diesem Titel sagen will. Wir haben aus der Hebräischen Bibel zu lernen, „was eigentlich der Inhalt, der Sinn und die Absicht dessen ist, was wir ‚Christus' nennen".[16]

Der Streit über die Würdentitel Jesu, der mit dem Erscheinen der Bibel in gerechter Sprache eine gewisse kirchliche Öffentlichkeit erreicht hat, ist ein weiterer Kontext meiner Psalmenauslegungen. Ich verstehe meine Arbeit an den Psalmen als Beitrag zu einem Blickwechsel. Wir müssen die festen Bilder von Jesus Christus, seiner Auferstehung und der Bedeutung seines Lebens und Sterbens loslassen und nicht länger in die Psalmen hinein interpretieren, sondern lernen, dass die Psalmen den Verstehungsraum für den Messias bilden.

Damit will ich nicht der Fassungslosigkeit ausweichen, die die neutestamentlichen Zeuginnen und Zeugen angesichts des Weges Jesu befällt. Nur: Fassungslosigkeit begleitet den Weg des Messias in den biblischen Erzählungen von Anfang an. Schon in den Samuelbüchern ist eine Krise der Kontext der messianischen Idee eines gesalbten Königs. Das Volk wünscht sich einen König, passt sich damit globalisierten Unrechtsstrukturen an und verwirft den Gott, der zur Befreiung ruft (1. Samuel 8).[17] In Reaktion auf diese Verwerfung zieht Israels Gottheit sich nicht aus Politik und Geschichte zurück, sondern geht in die gottvergessene Welt hinein und erwählt einen eigenen König, den Messias. Politik, die von globalen Unrechtsstrukturen dominiert wird, soll Schauplatz für Gottesrecht und Menschenrechte werden. Das messianische Vorhaben ist die Suche nach Auswegen in einer Sackgasse. Von Anfang an zielt die messianische Erwartung auf Wege, die es noch nicht gibt.

Das Wunder, dem die neutestamentlichen Erzählungen von Jesus Messias auf der Spur sind, wird nicht bagatellisiert, wenn wir die Psalmen als einen Raum entdecken, in dem der Messias ersteht. Das Wunder wird nicht kleiner, sondern größer, denn es bekommt eine Geschichte. Der Körper des Messias, den wir als Bild der Gemeinde aus den neutestamentlichen Schriften kennen, ist bereits in den Psalmen ein Bild der Gemeinde. Die Psalmen sind der Mantel des Messias. Wer sie liest, kleidet sich in diesen Mantel, und der Messias bekommt eine Gestalt.

1 Siehe dazu die Einleitung in Frank-Lothar Hossfeld / Erich Zenger, Psalmen I 1–50 (NEB 29), Würzburg 1993, 5–25. Einen Überblick über die Buchkomposition vermittelt auch Beat Weber, Werkbuch Psalmen III. Theologie und Spiritualität des Psalters und seiner Psalmen, Stuttgart 2010. Bei Weber geht allerdings der für die Messiaserwartung des Psalters wichtige Aspekt verloren, dass die betende Gemeinde eine messianische Rolle spielt. Er trennt die zwei zentralen Themen, Messias und Gebet der Gemeinde, indem er neben Ps 1 und 2 auch Ps 3 zur Ouvertüre des Psalters rechnet.

2 Die Psalmen 3; 7; 9; 18; 34; 51; 52; 54; 56; 57; 59; 60; 63; 142.

3 Georg Braulik, Christologisches Verständnis der Psalmen – schon im Alten Testament? in: Klemens Richter u. a. (Hg.), Christologie der Liturgie. Der Gottesdienst der Kirche – Christusbekenntnis und Sinaibund (Quaestiones Disputatae 159), Freiburg [Br.] 1995, 57–86, 59.

4 Erich Zenger nennt die Teilsammlung 2–89 deshalb den messianischen Psalter, Erich Zenger, „Es sollen sich niederwerfen vor ihm alle Könige" (Ps 72,11). Redaktionsgeschichtliche Beobachtungen zu Psalm 72 und zum Programm des messianischen Psalters Ps 2–89, in: Eckhart Otto / Erich Zenger (Hg.), „Mein Sohn bist du" (Ps 2,7). Studien zu den Königspsalmen (SBB 192), Stuttgart 2002, 66–93.

5 Ich nenne insbesondere Erich Zenger, der die Arbeit am Psalmenbuch wesentlich geprägt hat. Erich Zenger, Ich will die Morgenröte wecken. Psalmenauslegungen, Freiburg 1991; Ein Gott der Rache? Feindpsalmen verstehen, Freiburg 1994; Die Nacht wird leuchten wie der Tag. Psalmenauslegungen, Freiburg 1997; und die gemeinsamen Arbeiten von Frank-Lothar Hossfeld und Erich Zenger, Psalmen I. 1–50 (NEB 29), Würzburg 1993; Die Psalmen II. Psalm 51–100 (NEB 40), Würzburg 2002; Psalmen 51–100 (HThKAT), Freiburg 2000; Psalmen 101–150 (HThKAT), Freiburg 2008.

6 www.woltersburger-muehle.de

7 Manfred Oeming, Das Buch der Psalmen, Psalm 1–41 (NSK AT, 13/1), Stuttgart 2000, 104.

8 Egbert Ballhorn, Zum Telos des Psalters. Der Textzusammenhang des Vierten und Fünften Psalmenbuches (Ps 90–150) (BBB 138), Berlin, Wien 2004, 372.

9 Matthias Loerbroks, Weisung vom Zion. Biblisch-theologische Orientierungen für eine Kirche neben Israel (SKI 19), Berlin 2000, 130.

10 Markus Saur, Die Königspsalmen. Studien zur Entstehung und Theologie (BZAW 340), Berlin, New York 2004.

11 Dietrich Bonhoeffer, Das Gebetbuch der Bibel, Berlin 1969, 5.

12 Ulrike Bail u. a. (Hg.), Bibel in gerechter Sprache, Gütersloh 2006.

13 Karin Bornkamm, Mangelnde Urteilskraft. Die „Bibel in gerechter Sprache", in: Elisabeth Gössmann u. a. (Hg.), Der Teufel blieb männlich. Kritische Diskussion zur „Bibel in gerechter Sprache". Feministische, historische und systematische Beiträge, Neukirchen-Vluyn 2007, 225–239, 235.

14 Gershom Scholem, Über einige Grundbegriffe des Judentums, Frankfurt am Main 1970, 121.

15 Frank Crüsemann, Das Alte Testament als Wahrheitsraum des Neuen. Die neue Sicht der christlichen Bibel, Gütersloh 2011, 295.

16 Cornelis Heiko Miskotte, Wenn die Götter schweigen. Vom Sinn des Alten Testaments (aus d. Niederl. übers. v. H. Stoevesandt), München 1966, 166 f.

17 Klara Butting, Gerard Minnaard (Hg.), 1. Samuel. Die Bibel erzählt 4, Wittingen 2008.

Die Ouvertüre

1. Worte werden wahr

Psalm 1 und 2

Zuhause in einer anderen Welt

Die Einführung in die Psalmenlektüre übernimmt der Psalter selbst. Eine Ouvertüre steht am Anfang. Zwei Psalmen eröffnen das Buch. Beide sind im klassischen Sinne keine Gebete, sie enthalten keine Gottesanrede. Psalm 1 ist ein kleines Lehrgedicht, das Wegweisung, hebräisch *Tora*, gibt. Psalm 2 ist prophetische Rede, in deren Verlauf Gott selbst das Wort ergreift. Die Psalmen 1 und 2 rekapitulieren zu Beginn des Psalters die großen Literatursammlungen der Bibel: Tora und Prophetenbücher. Das Psalmenbuch setzt Gottes Geschichte mit dem Volk Israel voraus. Es gibt die Gesetze, die in der Tora, den fünf Büchern Mose, gesammelt sind. Und es gibt die Sozialkritik der Prophetinnen und Propheten. Was in Israel von Gott gehört und gelehrt wurde und Geltung bekommen hat, bietet in all der Not, mit der wir in den Psalmen konfrontiert werden, ein Zuhause. Eine literarische Heimat wird sichtbar, durch die wir in Israels Geschichte mit hineingenommen werden. Die Zeit des babylonischen Exils, das 597 v. Chr. mit der ersten Eroberung Jerusalems begann und bis 538 v. Chr. andauerte, liegt hinter uns. Auch auf den nachexilischen Neuanfang blicken wir zurück. Denn im Exil sind die Gesetze und die prophetischen Interventionen gesammelt worden. Als ein Schatz wurden sie aus dem Scheitern der Staaten Israel und Juda geborgen. Dieser Schatz wurde eine Quelle der Orientierung, als das jüdische Volk sich nach dem Exil unter persischer Herrschaft in der Provinz Juda neu konstituierte. Tora und Prophetenbücher sind als Grundgesetz und Unterweisung für diesen Neuanfang entstanden. Mit den beiden ersten Psalmen stellt der Psalter diese Neuorientierung der Gemeinschaft an seinen Anfang.

Tora und Prophetie erinnern zu Beginn des Psalters an Gottes Versprechen, dass Gerechtigkeit im Leben miteinander möglich ist. Mit dieser Erinnerung wird auch das Problem hörbar, dem sich das Psalmenbuch stellt: der Glaube der Mütter und Väter hat seine gesellschaftliche Bedeutung verloren. Der gesellschaftliche Konsens ist zerbrochen. Die Gesetze der Tora, die die Egalität im Zusammenleben behüten sollen[1], greifen nicht. Die Sozialkritik der Prophetinnen und Propheten, die die Schere zwischen Armen und Reichen anprangern, bleibt folgenlos. Macht. Trotz der Intervention von Tora und Prophetie verschärfen sich im nachexilischen Juda die sozialen Spannungen. Die kleinen Betriebe, die nur das Lebensnotwendige erwirtschaften, müssen sich bei den reichen Betrieben verschulden, um Steuern und Abgaben aufzubringen. Immer mehr Menschen verlieren durch Verschuldung Haus und Hof. Tagelöhnerinnen und Tagelöhner entstehen, neben mächtigen Familien und riesigem Großgrundbesitz. Eine Elite kommt an die Macht, für die der 1. Psalm den Begriff *rascha* benutzt. „Frevler" übersetzt Martin Buber. „Krimineller" ist die Bedeutung dieses Wortes in Neuhebräisch. Die Übersetzung Martin Luthers mit „Gottlose" führt darum in die Irre. Nicht die Ungläubigen oder Atheisten sind gemeint, sondern Verbrecher, und zwar die Verbrecher „in Anzügen". Sie bewegen sich im Zentrum der Gesellschaft. In der griechischen Übersetzung der Hebräischen Bibel, der Septuaginta, steht an vielen Stellen *„anomos"* – Gesetzloser. Gedacht ist an Menschen, die sich über die Weisungen hinwegsetzen, die in Israel überlieferten werden. Gleich der erste Vers des Psalters nennt dieses Wort *„rascha"*, das von nun an den gesamten Psalter durchzieht. 84 Mal kommen „die Frevler" im Psalmenbuch vor. Erich Zenger nennt den Psalter deshalb „die Geschichte einer dramatischen Auseinandersetzung zwischen Gerechten und Frevlern bzw. zwischen ohnmächtig Armen und übermächtig Reichen".[2]

Einen Höhepunkt erreicht der Konflikt mit dieser frevelhaften Elite nach der Ablösung der persischen durch die hellenistische Vorherrschaft am Ende des 4. vorchristlichen Jahrhunderts. Der Hellenismus ist eine Zeit der Globalisierung. Auch abgelegenen Gebiete wie die Provinz Juda werden in internationale Handelsbeziehungen integriert. Sie machen den Geldverkehr notwendig und begünstigen die rasche Ausbreitung der Geldwirtschaft. Sie bringen der Provinz Juda wirtschaftliche und kulturelle Entwicklung. Teile der Gesellschaft erleben durch diese Entwicklung tatsächlich eine wirtschaftliche und kulturelle Blüte. Eine Elite profitiert. Zudem werden Vorteilsnahme und Anpassung der lokalen Oberschichten in hellenistischer Zeit durch das System der Steuerpacht systematisch gefördert. Das Recht Steuern einzutreiben wird meistbietend an Angehörige der lokalen Oberschicht verkauft. Wir kennen diese Steuerpächter aus dem Neuen Testament als die von großen Teilen des Volkes verhassten Zöllner, die als Kollaborateure des römischen Imperiums gelten.

Die Masse der Menschen erlebt den Hellenismus allerdings als die bisher schlimmste Form der Fremdherrschaft.[3] Die Steuern sind höher als je zuvor, die Bettelarmut wächst, der Sklavenhandel blüht. Die Armen und Überschuldeten werden von Haus und Hof vertrieben und in die Sklaverei verkauft. Beispielhaft schildert Psalm 10 diese brutalen Verhältnisse. Die Gewalt, der die Armen ausgesetzt sind, ist legal – zumindest im Mund der Wirtschaftselite. Sie spricht von freiem Handel, von Wirtschaftswachstum und von blühenden Landschaften. Und sie spricht griechisch. Immer mehr Menschen der Oberschicht übernehmen die griechische Sprache und Kultur. Die Hellenisierung ist Voraussetzung für die Integration in überregionale Wirtschaftsbezüge und verspricht den Zugang zu Wohlstand und politischer Macht. Die griechische Lebensart gewinnt eine Machtstellung, die vergleichbar ist mit der Position, die die westliche Kultur durch den Kolonialismus bekommen hat.

Psalm 1 zeichnet diese Zeit. Die Frevler geben in allen Bereichen der Gesellschaft den Ton an. Die Praxis, die die biblische Glaubensüberlieferung fordert, kann allein noch in Termen der Abgrenzung beschrieben werden. Der Psalm ist ein Boykottaufruf. Die Frauen und Männer, die den Psalter zur Hand nehmen, werden zur Verweigerung des herrschenden Lebensstils aufgerufen. Sie sollen „nicht nach dem Rat der Frevler gehen, nicht auf dem Weg der Sünder stehen, nicht beim Sitz der Spötter sitzen" (Psalm 1,1). Die Anpassung an den hellenistischen Lebensstil droht bei allen Lebensvollzügen, beim „Gehen", „Stehen" und „Sitzen". Besondere Achtsamkeit und kritische Prüfung gilt der Sprache. Der Anpassungsprozess endet bei Gesprächen, die den Status quo schönreden und als alternativlos legitimieren. Erst geht eine/r schlecht beraten, „ im Rat der Frevler", dann richtet sie sich auf diesem Lebensweg ein und „steht bei den Sündern" und schließlich spricht sie die Sprache, die mit der Hoffnung auf eine solidarische Welt Spott treibt.

Die Heimat, die Psalm 1 in dem Konflikt mit den Frevlern bietet, findet in einem Bild ihren Ausdruck. Der Psalm skizziert den Weg der Bewährten und den Weg der Frevler. Die einen sind wie ein Baum am Wasser, fruchtbar und beständig; die anderen sind wie Spreu, die im Wind verweht. Ein Satz am Ende fasst die Botschaft der Bilder zusammen: „Die Ewige kennt den Weg der Bewährten, aber der Weg der Frevler verliert sich" (1,6). Die Frevler haben keinen Bestand. Denn der Weg, der nach Macht und Gewinn giert, scheitert. Ein Ton wird angeschlagen, der durch das ganze Buch durchträgt. Die Auseinandersetzung zwischen Gerechten und Frevlern wird „letztlich durch den ‚Gott der Rache', der auf der Seite der Gerechten, der Armen, Israels kämpft, entschieden". Das ist „der basso ostinato, der (mal piano, mal fortissimo) die einzelnen Psalmen(lieder) zusammenbindet".[4] Das Bild der beiden Wege zeichnet also keinen Scheideweg. Es entwirft eine Gegenwelt, in der wir uns beheimaten können, auch wenn sie in der Gegenwart noch verborgen ist.

Psalm 1
1 Glücklich ist die Frau, der Mann,
der nicht geht nach dem Rat der Frevler,
auf dem Weg der Sünder nicht steht,
nicht beim Sitz der Spötter sitzt,
2 sondern Lust hat an der Weisung des EWIGEN,
seine Weisung murmelt Tag und Nacht!
3 Der wird sein
wie ein Baum, an Wassergräben verpflanzt,
der zu seiner Zeit seine Frucht gibt,
sein Laub welkt nicht:
alles was er tut, es gelingt.

4 Nicht so sind die Frevler,
sondern wie Spreu sind sie, die ein Wind verweht.
5 Darum bestehen Frevler nicht im Gericht,
Sünder nicht in der Gemeinde der Bewährten.
6 Denn der EWIGE kennt den Weg der Bewährten,
aber der Weg der Frevler verliert sich.

Spiritualität und Widerstand

Der Boykottaufruf lässt den Rückschluss zu, dass die Spielräume für die Tora im Alltagsgeschäft minimal sind. Kriminelle haben das Sagen, und das internationale Loblied vom Wirtschaftswachstum gibt ihnen Recht. Die biblischen Rechtsbestimmungen mit ihrer Verheißung, dass es den Anständigen gut geht, haben keinen gesellschaftlichen Ort. Sie sind Utopie – im wahrsten Sinne des Wortes: ohne Ort. In dieser Not gewinnt die Rede von Spiritualität ihre Bedeutung. Der Psalter schult eine spirituelle Übung: das Murmeln. Oder wie es später die Kirchenväter übersetzt haben: das Meditieren. „Glücklich der Mann, die Frau, ... die Lust hat an der Tora der EWIGEN und in ihrer Tora murmelt Tag und Nacht."

Das Wort Spiritualität ist ein Modewort unserer Tage und nicht unumstritten. Als wir vom Netzwerk „Erev-Rav" einen Namen suchten für das „Zentrum für biblische Spiritualität und gesellschaftliche Verantwortung" auf dem Gelände der Woltersburger Mühle[5], stieß die

Wahl des Wortes Spiritualität auf kritische Nachfragen. Das Wort stünde für die Suche nach einem individuellen Weg aus Unheil ohne Bezug zur Gesellschaft. Warum haben wir das Wort Spiritualität aufgegriffen? Psalm 1 hat dabei eine Rolle gespielt. Der Psalm legt den Finger auf die spirituelle Dimension, die den politischen und ideologischen Konflikten um die gesellschaftliche Grundorientierung innewohnt. Er eröffnet eine befreiende Praxis auch dort, wo die Auseinandersetzung zugunsten der Wirtschaftselite entschieden zu sein scheint. Dabei wird sichtbar, was biblische Spiritualität ist: die Suche, wie befreiende und heilende Worte im Leben von Menschen Fleisch werden können. Der gesellschaftliche Streit findet nicht nur draußen statt. Auch der eigene Körper ist ein Kampfplatz. Die Einzelnen stehen vor der Frage, welchem Geist gebe ich in mir Raum? Welchen Erfahrungen gebe ich Gewicht? Welcher Lebensdeutung schließe ich mich an? Und weiter: Wie befreie ich mich von Deutungsmustern, die ich loswerden will? Wie bekomme ich Anteil an dem geistigen Lebenszusammenhang der biblischen Mütter und Väter? Die spirituelle Übung des Murmelns, die Psalm 1 an die Hand gibt, schafft Zutritt zu der Gegenwelt Gottes, in der der Traum von Gerechtigkeit weitergegeben wird. Ich beschäftige mich mit Worten, die zunächst nicht meine eigenen Worte sind. Ich lese sie, reibe mich daran, gehe damit um. Worte werden durchgekaut, in denen die Mütter und Väter ihre Glaubenserfahrungen ausgedrückt haben. Ich verleibe mir die Worte ein. Psalm 1 zielt auf einen solchen Inkarnationsprozess. Er redet von einem Menschen, die/der „Lust hat an der Weisung des Ewigen, seine Weisung murmelt Tag und Nacht!" Nach der Interpretation der rabbinischen Gelehrten bezieht sich das Personalpronomen „seine" im zweiten Satzteil nicht auf Gott, sondern auf den oder die, die lernt. Die Tora Gottes wird beim Lernen zur Tora der Lernenden. Aus der „Weisung des Ewigen" wird die „Weisung der Lernenden". In ihrer Auseinandersetzung mit der Tora machen sich die Einzelnen die Überlieferung zu Eigen. Die Überlieferung wird ihre eigene Geschichte. Und so kommt Gott in einzelnen Menschen zur Welt. Denn Gott verbindet sich mit ihrem Weg. „Gott kennt den Weg der Bewährten" formuliert der Psalm (1,6). „Erkennen" (*jada*) ist Ausdruck für Liebe, Erwählung, ein intensives Beschäftigen und Sich einlassen. Gott macht sich den Weg seiner Leute zu Eigen. Der gesamte Psalter ist Ausdruck dieses Beziehungsgeschehens. Gottes Wort gewinnt in den Gebeten, die der Psalter sammelt, Raum. Die Gebete werden Tora, Menschenwort wird Gotteswort. Mit diesem Anspruch wird das Psalmenbuch überliefert.[6] Seine fünf Bücher treten in eine Auseinandersetzung mit der fünfteiligen Tora und wollen selbst als Gottes Weisung zum Leben, als Tora, verstanden werden. Auch die Segensformel „Gesegnet die Ewige, der Gott Israels, von der Weltzeit her und für die Weltzeit. Amen, Amen" am Ende jedes Buches deutet die Psalmen als Tora (Ps 41,14; 72,18–19; 89,53; 106,48). Sie trennt die einzelnen Bücher und legt ihre Gebete als Gottesrede aus. Israels Gottheit wird gepriesen, weil dieser Gott in den Gebeten der Menschen spricht und handelt. Der biblische Gott wird in den Worten von Menschen gegenwärtig.

Der Psalter interveniert mit seiner spirituellen Unterweisung in einem gesellschaftlichen Konflikt, in dem es unterschiedliche Spiritualitäten gibt. Im 2. Psalm kommt die globale Führungselite in den Blick, die die Weltgeschäfte zu bestimmen beansprucht. Auch sie werden durch das Wort „murmeln, meditieren" charakterisiert (2,1). Die globale Elite hat eine eigene Spiritualität:

Psalm 2
1 Wozu sind die Völker in Aufruhr,
murmeln Nationen Leeres!
2 Könige der Erde marschieren auf,
Vornehme halten Kriegsrat
gegen den Ewigen, und gegen seinen Gesalbten,
3 (indem sie sagen): „Zerreißen wir ihre Fesseln,
werfen wir ihre Stricke von uns!"

4 Der im Himmel thront lacht,
mein Herr spottet ihrer.
5 Dann redet er in seinem Zorn zu ihnen,
verstört sie in seiner Wut:
6 „Ich selbst habe meinen König eingesetzt
auf Zion, meinem Heiligtumsberg."

7 Berichten will ich, was der Ewige festgesetzt hat,
er sprach zu mir: „Mein Sohn bist du,
ich selber habe dich heute geboren.
8 Verlange es von mir
und ich gebe dir die Völker als Eigentum,
als Besitz dir die Ränder der Erde.
9 Du kannst sie mit eisernem Stab zerschmettern,
wie Tonkrüge zertrümmern."

10 Und nun, Könige, zeigt Einsicht!
Lasst euch warnen, die ihr die Erde richtet!
11 Dient dem Ewigen mit Respekt,
jubelt und bebt!

12 Küsst den Sohn! Sonst zürnt er,
und ihr verliert den Weg,
wenn im Nu sein Zorn entbrennt.
Glücklich sind alle, die sich an ihm bergen!

Auch die Protagonisten von freiem Handel und unbegrenztem Wachstum meditieren. Das Mantra, das sie vor sich hin murmeln, verkündet ihren Freiheitsdrang: „Sprengen wir ihre Fesseln und werfen wir ihre Stricke von uns!“ Alle Bindungen wollen sie abschütteln. In ihrem Mund klingt das nach einem Freiheitskampf. Sie propagieren die Befreiung von Fesseln. Doch die Fesseln, die sie abschütteln wollen, sind Gottes Lebensregeln der Solidarität! Ihr Kampf richtet sich gegen Gott und seinen Messias. Die Freiheit, die sie propagieren, ist die Freiheit, die den Leistungsträgern unbeschränkte Möglichkeiten bietet, für sich selbst zu sorgen. Die Spiritualität, in der sie sich bergen, ist der Glanz der Erfolgreichen.

Ihr Freiheitsruf spiegelt die gesellschaftlichen Entwicklungen im nachexilischen Juda. Überregionale Handelsbeziehungen setzen Maßstäbe, gegenüber denen die lokale Gesetzgebung rückständig erscheint. Die Tora, die Akkumulation bremsen und Solidarität judäischer Familien organisieren will, wird zur Fessel. Sabbatgesetze, die die wirtschaftliche Entwicklung zur Förderung des lokalen Zusammenlebens regulieren, sind anachronistisch. Geld vermittelt Verfügungsmacht und gewährt Lebensqualität, unabhängig von einer Solidargemeinschaft. Autonomiegläubigkeit ist die geistige Sphäre, die mit der Bedeutung des Geldes Raum greift. Eine Ego-Spiritualität begleitet die Globalisierung der Handelswege und Märkte.

In der Lebensrealität sind die beiden Spiritualitäten, die die Ouvertüre des Psalters unterscheidet, selten klar geschieden. Die Eliten prägen mit ihrem Einfluss auf die Sprache und mit ihrem Erfolg die geistige Orientierung aller – davon geht der 1. Psalm mit seiner Warnung vor Anpassung aus. Sie bringen mit ihrem Erfolg und ihrer Sprachgewalt ihre Bilder von Freiheit und Lebensqualität an die Frau und den Mann. Gerade Menschen, die keinen Erfolg haben, sind gefährdet, der Ego-Spiritualität isolierter Marktteilnehmer/innen zu verfallen. Denn Enttäuschung und Verlust nähren die Angst, von anderen abhängig zu sein. So wecken gerade Niederlagen den Traum vom autonomen Individuum, das sich in der Welt alleine durchsetzen kann. Der Psalter geht von solchen Krisensituationen aus. Klagepsalmen dominieren besonders am Anfang. Das Psalmenbuch ist eine Intervention in Zeiten äußerer und innerer Gefährdung.

Messianische Erwartung

Die „Könige der Welt“ benennt Psalm 2 als die Protagonisten der Egospiritualität. Sie repräsentieren das globale Recht des Stärkeren und den verführerischen Glanz von individueller Macht und Autonomie. Ihr Auftreten zeigt den universalen Horizont der Auseinandersetzung. Die Spiritualität, um die es dem Psalter geht, ist durch und durch politisch. Es geht um die Neugestaltung des gesellschaftlichen Zusammenlebens. Das Bild, das Gottes Widerstand gegen die Weltkönige ausmalt, lässt daran keinen Zweifel: Der im Himmel Thronende lacht über den Aufstand der internationalen Führungsriege und sagt ihr seine Gegenmaßnahme an: „Ich selbst habe meinen König eingesetzt auf Zion, meinem Heiligtumsberg“ (2, 4–6). Gott stellt den Königen seinen König, den Gesalbten, entgegen.

Von einem König ist die Rede, dem Gesalbten, hebräisch *maschiach* = Messias; griechisch: *christos* = Christus. Der Gesalbte, Messias bzw. Christus, ist ein Königstitel in der Hebräischen Bibel. Im Hintergrund steht ein Salbungsritus, der beim Regierungsantritt eines Königs praktiziert wurde. Mit einer Salbung übertrugen die Volksvertreterinnen und -vertreter dem König sein Amt. Dieser Ritus wurde von prophetischen Kreisen aufgenommen und Gegenstand einer prophetischen Zeichenhandlung, die besagt, dass nicht die Ältesten, sondern Gott selbst den König einsetzt und in die Pflicht nimmt. Der König wird dem Gerechtigkeitswillen Gottes unterstellt. Er wird zum „Gesalbten der Ewigen“. In der biblischen Erzähltradition begegnet deshalb der Titel „Gesalbter“ stets in Verbindung mit dem Gottesnamen (der Gesalbte der Ewigen, „mein“ bzw. „sein“ Gesalbter) und transportiert eine theologische Erwartung an das Regierungsamt.

Bei dieser Rede vom Messias steht den Herausgeberinnen und Herausgebern der Psalterouvertüre keine historische Königsfigur vor Augen. Selbst wenn dem 2. Psalm ein altes Königslied zugrunde liegen sollte, war für die Frauen und Männer, die mit den beiden eng verzahnten Psalmen 1 und 2 eine Einleitung des Psalters geschaffen haben, das Königtum ein Phänomen der Vergangenheit. Es ist mit der Zerstörung Jerusalems 586 v. Chr. untergegangen. Die Lebensrealität ihrer Gegenwart wird in Psalm 1 skizziert: Sie ist geprägt von Fremdbestimmung, die das ganze Leben erfasst. In dieser Situation ist der Messias eine Figur der Hoffnung, Garant der Grenze, die Gott der entfesselten Gewalt im internationalen Kräftespiel entgegensetzt.[7] Kein Restaurationsszenarium wird entworfen. Vielmehr schwingt mit dem Titel Messias eine Umsturzvision mit. Im Lied der Hanna im 1. Samuelbuch taucht der Titel zum ersten Mal auf. Er ist dort Zeichen und Garant, dass Gott auf Erden Gerechtigkeit durchsetzen und verelendete Menschen befreien wird (1. Samuel 2,10).[8] Die biblische Vision von Gerechtigkeit hat sich mit einem „König Messias" verbunden. Das ist merkwürdig, denn an und für sich ist ein König in unserer Glaubensüberlieferung keine Hoffnungsfigur. Könige sind in der gesamten Bibel – wie im 2. Psalm – die Protagonisten von Herrentum. Mit der Institution des Königtums gehen gesellschaftliche Hierarchien und Ausbeutungsverhältnisse einher, die dem Gottesrecht entgegenstehen. Die Integration der Königsfigur in die biblischen Zukunftshoffnungen bleibt deshalb nicht ohne Folgen. Herrenträume und Gewaltphantasien gehen in Israels Zukunftsvisionen ein. Ihre kritische Reflektion spielt im Psalter eine zentrale Rolle.[9] Psalm 2 selbst ist ein Beispiel für die Gefährdung, die die Integration der Welt und Sprache der Könige für den biblischen Glauben bedeutet. Der von Gott eingesetzte König berichtet von seinen Machtbefugnissen in den gewalttätigen Bildern der traditionellen Königsideologie (2,7–9). Seine Vollmacht ist Vollmacht zu töten. Mit eisernem Stab darf er die Völker zerschmettern, sie wie Geschirr zertrümmern. Die Bilder gehörten zu altorientalischen Krönungszeremonien. Eine eiserne Keule war Machtsymbol. Geschirr wurde als Symbol für das Ergehen der Staatsfeinde rituell zerschlagen. Trotz der Gefahr, dass diese gewalttätigen Bilder die Hoffnungsvision überlagern und zerstören, spricht Psalm 2 in diesen Bildern, um Hoffnung weiterzugeben. Er integriert die Sprache der Macht, um der Globalisierung des Unrechts eine Alternative entgegenzusetzen. Offenbar ist die Sprache der Macht für die Dichterinnen und Dichter unverzichtbar, weil sie eine unaufgebbare Botschaft transportiert: die Handlungsmacht im Feld der Politik. Die Rede von Gottes König Messias auf dem Zion und seiner Vollmacht erklärt die Politik zu Gottes Kerngeschäft. Gott beansprucht das Zentrum politischer Macht als sein Gebiet. Die Messiasfigur steht für diesen Anspruch. Der Messias wird eingesetzt als das Zeichen Gottes, dass das Heil, das wir von Gott erwarten, eine irdisch konkrete Gestalt hat. Diese Erwartung ist der Kern biblischer und christlicher Spiritualität. Sie ist das Zentrum des Glaubens und der Lehre, die sich christlich bzw. messianisch nennt.

Der Messias ist kein nationaler Kriegsheld. Im Gegenteil, er verkörpert eine universale Perspektive. Die Verheißung erfüllten Lebens („glücklich die Frau, der Mann"), die der 1. Psalm einer bedrängten Minderheit zuspricht, trägt er unter die Völker. Seine Verheißung „glücklich sind alle, die sich an Gott bergen" steht am Ende der Ouvertüre (Psalm 2,12). Der Messias ist mit der Vollmacht über Leben und

Tod ausgestattet, aber er schlägt nicht um sich, sondern spricht die Völker an und wird ihr Lehrer (2,10–12). Die Ambivalenz der Figur zwischen Hoffnungsträgerin und Machtfaktor führt zu einer gewissen Bilderlosigkeit, wenn es um ihr konkretes Tun geht. Es bleibt offen, ob die messianische Umkehrpredigt die Regenten und Regentinnen der Völker auch tatsächlich dazu führt, die Lebensweisungen Gottes zu bejahen. Das gesamte Problem der Weihnacht ist damit in der Ouvertüre des Psalters präsent. Denn sie lässt uns mit der Frage zurück, wie Gott mit seinen „Königlein" auf dem „Zionshügel" eine globale Machtelite stoppen will. Die Frage würde sich auflösen, wenn wir den Machtanspruch übergehen. Im Christentum ist dieser Weg oft gegangen worden. Jesus Christus wurde zu einer religiösen Figur. Seine Berufung zum Christus mit den Worten des 2. Psalms „Du bist mein Sohn, der Geliebte" (Markus 1,11) wurde entpolitisiert. Wir benutzen den Christustitel, als wäre er ein Nachname. Das Versprechen dieses Titels, dass Gott die Welt nicht der entfesselten Gewalt des römischen Imperiums überlässt, bleibt ungehört. Darum aber geht es den Evangelien, die im Psalmenbuch Worte gefunden haben, von Jesu Messianität angesichts seines Leidens zu erzählen. Keine Siegertype ist dieser Messias, aber mit dieser Figur ist unlöslich die Erwartung verbunden, dass Gott die Welt nicht verfehlter Politik und ihren Gesetzen überlässt.

Wege, die noch nicht sind

Mit Psalm 2 steht ein sogenannter Königspsalm am Anfang des Psalmenbuches. Gottes Messias und die Könige der Welt stehen einander gegenüber. Alle Psalmen, die folgen, geraten in den Horizont einer universalen Auseinandersetzung. In dieser Auseinandersetzung geht es um Gottes Lebensregeln der Solidarität. Der Messias wird diese Auseinandersetzung entscheiden. Er wird zu einer zentralen Figur des Psalmenbuches. Weitere Königspsalmen folgen und strukturieren den Psalter. Deshalb werden wir auf sie immer wieder zu sprechen kommen. Sie setzen die verheerenden Erfahrungen, die in Israel mit dem Königtum gemacht wurden, auf die Tagesordnung. Sie ziehen Konsequenzen aus dem Scheitern des Königtums und bergen die messianische Erwartung aus einem Trümmerfeld. Die Messiasfigur, die der Psalter aus dem Trümmerhaufen gescheiterter Geschichte rettet, ist keine Einzelfigur. Sie nimmt Gestalt an in den Frauen und Männern, die sich mit den Psalmen auf den Weg machen. Psalm 149 blickt am Ende des Psalters zurück und reflektiert diesen Weg der Gemeinde.[10]

Wie häufig in den Psalmen, schockiert zunächst die Gewalt seiner Bilder. Er sieht ein zweischneidiges Schwert in der Hand derjenigen, die Psalmen beten. Er fordert die Frauen und Männer der Gemeinde auf:

5 Sie sollen jubeln auf ihren Lagern,
6 in ihrer Kehle Erhebung Gottes –
in ihrer Hand ein zweischneidiges Schwert,
7 um an den Völkern Vergeltung zu üben,
die Nationen zurechtzuweisen,
8 ihre Könige mit Ketten zu fesseln,
ihre Schönen mit eisernen Banden zu bändigen.
9 um an ihnen Recht zu vollziehen, wie geschrieben steht.

Militaristische Bilder werden verwendet. Und doch ist nicht von einem Krieg der Gemeinde gegen ihre Unterdrücker die Rede.[11] Die beiden Zeilen „in ihrer Kehle Erhebung Gottes, in ihrer Hand ein zweischneidiges Schwert" (149,6) beschreiben keine von der Lobaufforderung abzulösende Handlung, sondern erläutern die Aufforderung zum Gotteslob in Vers 5. Die Gemeinde soll singen, nicht das Schwert führen. Das Schwert beschreibt die Wirkmächtigkeit ihrer Lieder. Es folgen Sätze, die diese Wirkmächtigkeit entfalten. Ziele werden benannt. Es geht darum, „Vergeltung zu üben, zurechtzuweisen, mit Ketten zu fesseln, Recht zu vollziehen". Auch diese Sätze sind der Lobaufforderung in Vers 5 untergeordnet. Wieder ist Gewalt unüberhörbar: „Vergeltung", „Ketten" und „eiserne Banden" rufen eine Atmosphäre von Gewalt und Gegengewalt auf. Sie nehmen die Perspektive der Menschen ein, die die Ketten des Sklavenmarktes kennen und die Gewalt der internationalen Geschäfte am eigenen Leib erfahren. Die Sehnsucht, dass diese Gewalt mit gleicher Gewalt gebrochen wird, wird nicht verteufelt. Sie wird transformiert. Dem Gotteslob wird die Macht zugesprochen, die bedrückenden Gewaltverhältnisse zu verändern.

Psalm 149 nimmt Wort und Bilder aus dem 2. Psalm wieder auf. Psalm 2 hatte die Führungskräfte unter den Völkern benannt, die Recht und Gesetz nur als Fessel ihrer Geschäfte empfinden und loswerden wollen. Die Subjekte „Völker, Nationen, Könige", die im 2. Psalm die Entfesselung des Marktes propagieren, tauchen in Psalm 149 (Vers 7 f.) in gleicher Reihenfolge wieder auf. Sie zu bändigen und zur Vernunft zu bringen, war in Psalm 2 das Werk des Messias. Psalm 149 besingt im Rückblick auf den Psalter, dass ihre Bändigung und Belehrung wirksam geschieht. Das Wort „Fesseln" begegnet erneut (149,8). Die Fesseln des Rechts, die die globalen Eliten im 2. Psalm loswerden wollen, werden ihnen angelegt. Auch der „eiserne Stab“, der die Vollmacht des Messias symbolisiert, klingt nach in den „eisernen Banden“, mit denen die Vornehmen der Völker gebändigt werden (149,8). Ein Bogen spannt sich von Psalm 2 zu Psalm 149. Die Betenden hören in der Ouvertüre von Gottes Messias als der Symbolfigur einer gerecht gestalteten Erde. Am Ende entdecken sie in Psalm 149, dass das Werk des Messias unter ihnen geschieht – und zwar durch Menschen, die mit den Psalmen zu leben beginnen. Dem Unrecht wird eine Grenze gezogen. Die scheinbar uneingeschränkte Macht der Wirtschaftselite wird gebrochen. Dieser Bogen zwischen den Psalmen 2 und 149 formuliert für den umspannten Gebetsweg eine Programmatik: Die Betenden werden durch den Psalter in eine messianische Existenz hineingenommen. Sie entdecken die eigene messianische Kraft und üben sie ein.

1 Dazu Ton Veerkamp, Autonomie und Egalität. Ökonomie, Politik und Ideologie in der Schrift, Berlin 1993.

2 Erich Zenger, Ein Gott der Rache? Feindpsalmen verstehen, Freiburg u. a. 1998, 25.

3 Rainer Kessler, Sozialgeschichte des alten Israels. Eine Einführung, Darmstadt 2008, 173 ff.

4 Erich Zenger, Ein Gott der Rache? Feindpsalmen verstehen, Freiburg u. a. 1998, 25.

5 www.woltersburger-muehle.de

6 Dazu siehe die Einführung in diesem Buch.

7 Markus Saur, Die Königspsalmen. Studien zur Entstehung und Theologie (BZAW 340), Berlin, New York 2004, 41 ff.

8 Klara Butting, Gerard Minnaard (Hg.), 1. Samuel. Die Bibel erzählt 4, Wittingen 2008.

9 Siehe dazu das 4. Kapitel in diesem Buch „Interventionen von Frauen“.

10 Die Psalmen 149 und 150 korrespondieren mit der Ouvertüre, den Psalmen 1 und 2. Erich Zenger nennt die Eckpsalmen 1–2 / 149–150 „zwei Portale“, die alle, die Zugang zu den Psalmen finden wollen, durchschreiten müssen. Erich Zenger, Die Nacht wird leuchten wie der Tag. Psalmenauslegungen, Freiburg u. a. 1997, 40.

11 Siehe dazu Erich Zenger, Die Provokation des 149. Psalms. Von der Unverzichtbarkeit der kanonischen Psalmenauslegung, in: Rainer Kessler u. a. (Hg.), „Ihr Völker alle, klatscht in die Hände!“ FS für Erhard S. Gerstenberger, Münster 1997, 181–194.

Gott und Menschen: Glaubensbündnis für die Erde

2. Die Würde der Menschen
Psalm 3–14

Rückkehr zur Gemeinschaft
Psalm 3

Psalm 3
1 Ein Psalm für David.
Als er auf der Flucht vor seinem Sohn Absalom war.

2 Du, warum sind es so viele, die mich bedrängen?
Viele stehen auf gegen mich.
3 Viele sagen über mein Leben:
Das wird nie von Gott befreit. Sela
4 Aber Du bist Schild um mich her.
Würde verleihst du mir,
lässt mich den Kopf heben.

5 Meine Stimme sucht die Eine, ich rufe
sie antwortet mir von ihrem Heiligtumsberg. Sela
6 Ich legte mich hin und schlief ein, –
ich erwachte, denn die Eine hat mich gehalten.
7 Vor den Vielen des Volkes fürchte ich mich nicht,
die sich ringsum gegen mich stellen.

8 Steh auf, Du,
befreie mich, mein Gott!
schlugst ja alle meine Feinde aufs Kinn,
die Zähne der Frevler zerbrachst du.
9 Der Einen ist die Befreiung:
Dein Segen komme über dein Volk. Sela

Die gesellschaftliche Not, in der der Psalter zu sprechen lehrt, schreit aus seinem ersten Gebet. Isolation ist der Ausgangspunkt des 3. Psalms. Eine schreit, weil sie sich allein einer feindlichen Umwelt ausgeliefert sieht: „Ewige, wie viele sind es, die mich bedrängen! Viele stehen auf gegen mich. Viele sagen über mein Leben: Keine Befreiung ist dem bei Gott“ (3,2 f.). Einer schreit. Ausgegrenzt, bedroht, abgeschrieben im Urteil der anderen. Ursachen und Hintergründe der Bedrängnis werden innerhalb des Gebetes nicht benannt. Durch dieses Schweigen bleibt die Not vieldeutig. Für die Klagepsalmen ist diese Vieldeutigkeit typisch. Es sind die Gebete eines Kollektivs. Sie sind bewusst zeitlos. Frauen und Männer in unterschiedlichen Situationen und Zeiten sollen sich in ihnen wiederfinden können.

Mit der äußeren Bedrohung geht eine innere Gefährdung einher. Sie spricht aus der 3. Strophe. Die 3. Strophe setzt ein mit der Bitte um Befreiung: „Steh auf, EWIGE, befreie mich, mein Gott!" Zugleich wird in gewaltvollen Bildern an Gottes Handeln in der Vergangenheit erinnert: „Du schlugst ja alle meine Feinde aufs Kinn, die Zähne der Frevler zerbrachst du" (3,8). Eine Intervention, die böses Gerede nachhaltig zum Schweigen gebracht hat, wird Gott ins Gedächtnis gerufen. Die Gewalt, die in der Hoffnung auf eine erfolgreiche Gegenmaßnahme erinnert wird, zeigt den Ernst des Konfliktes. Der Psalm endet allerdings nicht mit dieser Erinnerung. Auch nicht mit einer Wunschphantasie über die Züchtigung übler Nachrede. Er endet mit einer Segensbitte: „Dein Segen komme über dein Volk" (3,9). Mit der Erinnerung an Gottes Befreiung hat sich eine innere Wandlung des Beters vollzogen. Die Segensbitte ist Schlusspunkt dieser Wandlung. Am Anfang sah sich der Beter einer Vielzahl Feinde gegenüber (3,2–3). Im Verlauf des Gebetes taucht die „Vielzahl des Volkes" als ein Angstfaktor auf, der überwunden werden muss (3,7). Doch am Ende steht das Gebet für eben dieses Volk. Die Isolation des Anfangs wird im eigenen Veränderungsprozess aufgebrochen. Der Beter fühlt sich am Ende dem Volk zugehörig, ja sogar für dieses Volk verantwortlich. Er bittet um Segen für Menschen, die zunächst Teil der Bedrohung waren. Der Psalm beschreitet einen Weg heraus aus Isolation hin zu neuer Verantwortlichkeit für die Gemeinschaft. Er ist ein Weg zurück zur Gemeinschaft. Er ist Intervention in Isolation, damit aus der Not nicht das Weltbild „Ich und die anderen" wird. Auf diesem Rückweg zu den anderen wird deutlich, wie stark die Anfeindung die Integrität der Betenden gefährdet. Mit der aufgezwungenen Isolation geht die Gefahr der eigenen Abkapslung einher. Die Anziehungskraft, die die unabhängige Lebensart der Erfolgreichen für die Verliererinnen und Verlierer hat, steht als Bedrohung im Hintergrund. Wo die Isolation der Ausgegrenzten sie auf die Unabhängigkeit der Sieger hoffen lässt, geht Psalm 3 dazwischen. Er beschreibt die Suche nach der eigenen Befreiung als exemplarische Wiederherstellung der Gemeinschaft. Die Gewalt wird nicht beschönigt oder verschwiegen. Der Wunsch, dass freches Reden durch Faustschläge zum Schweigen gebracht wird, wird nicht als eine moralisch unkorrekte Äußerung unterdrückt. Doch am Ende steht die Einsicht, dass die Befreiung der EWIGEN nicht privat angeeignet werden kann, sondern dem ganzen Volk gilt. Die Rückkehr zur Gemeinschaft geschieht in einer Nacht. Die 2. Strophe beschreibt eine Nachterfahrung, in der die innere Wandlung beginnt. Zunächst erlaubt die Schilderung Rückschlüsse auf das Ausmaß der Isolation. Der Beter ist auch von sich selbst isoliert, sodass die Nachtruhe sein Thema wird! Nachts wird spürbar, dass die Stimmen der anderen in seinem Kopf sind. Die äußeren Anfeindungen führen in seinem Körper ein Eigenleben. Angst und Unruhe sind in Nerven und Muskeln präsent. Schlaflosigkeit spiegelt die Zerstörung des gesellschaftlichen Lebensgefüges. Um die Unterstützung zu beschreiben, die Gott ihm in seiner Not leistet, erzählt der Beter deshalb von einer Nacht, in der er schlafen konnte. Die vielen bedrängenden Stimmen mussten weichen. Auch die Selbstzweifel und Vorhaltungen verstummen. Er findet Ruhe. „Ich legte mich hin und schlief ein. Ich erwachte – denn die Ewige hat mich gehalten" (3,6). Diese Nacht wird zum Testfall für die Auseinandersetzung mit den vielen Gegnerinnen und Gegnern. Mit dieser Nacht ist die Angst gewichen. „Vor den Vielen des Volkes fürchte ich mich nicht" (3,7).

Die Nachtruhe deutet der Psalm als Antwort Gottes – und zwar als eine Antwort, die Gott von „seinem Heiligtumsberg" gibt (3,5). Der Heiligtumsberg ist der Zion, der Jerusalemer Tempelberg. Von diesem Berg haben wir in der Ouvertüre als dem Ort des Messias gelesen. Die scheinbar private Szenerie einer Nacht, in der ein Mensch auf Schlaf hofft, wird mit dem Zentrum der Macht verknüpft. Das Bild von dem messianischen König auf dem „Heiligtumsberg", den Gott der Zügellosigkeit der internationalen Führungskräfte entgegenstellt (2,6), erhellt die Nacht. Mitten in der Nacht wird spürbar, dass der intime Bereich der in den Körper eingegrabenen Unruhe nicht privat ist. Schlaflosigkeit ist Ausdruck und Teil eines gesellschaftlichen Konfliktes. Und auch die Überwindung der Schlaflosigkeit ist ein Teil des Streits, in dem es um die Wandlung der Welt geht. Die Zerstörung der Gemeinschaft hat in den Körpern der Einzelnen ihre Spuren hinterlassen. In diesen beschädigten Körpern will der biblische Gott, der das Weltregiment beansprucht, zur Welt kommen. Es ist dieser universale Horizont, in den der Psalm die Not der Einzelnen stellt, der die Betenden verwandelt. Die Weltsicht „ich und die anderen" zerbricht an der Erkenntnis, dass „mein Gott" (3,8) auch der Gott der anderen ist. Der eigene Körper wird zu einem Schlachtfeld, „auf dem die Probleme und Kämpfe dieser Zeit ausgetragen werden". So hat es die holländische Jüdin Etty Hillesum formuliert, die im Amsterdam der Jahre 1941 bis 1943 mit den persönlichkeitszerstörenden Folgen des nationalsozialistischen Terrors ringt. Sie schreibt: „Das einzige, was man tun kann, ist, sich demütig zur Verfügung zu stellen und sich zum Schlachtfeld machen zu lassen. Die Probleme müssen ja eine Unterkunft haben, sie müssen einen Ort finden, wo sie kämpfen und zur Ruhe kommen können, und wir armen, kleinen Menschen müssen unseren inneren Raum für sie öffnen und dürfen nicht davonlaufen."[1] Ihr ging es vor allem darum, sich nicht den eigenen Hassgefühlen zu überlassen. Psalm 3 macht diesen Weg sichtbar. Gewalt und Ausgrenzung, die die Beterin erfährt, führen sie nicht zu Menschenverachtung und innerer Isolation. In ihr, der Menschenwürde und Gottesbezug bestritten werden, wächst im Widerstand gegen die Anfeindungen die Vision einer neuen Gemeinschaft jenseits von Apartheid und Terror.

Sprechübungen

Psalm 4

Psalm 4

1 Für die musikalische Aufführung. Mit Saitenspiel.
Ein Psalm für David.

2 Wenn ich rufe, antworte mir, Gott meiner Gerechtigkeit!
In der Enge hast du mir Raum geschaffen.
Neige dich zu mir, höre mein Gebet!

3 Ihr Söhne von Herren,
wie lange noch wird meine Würde zur Schande,
liebt ihr Leeres und lauft Illusionen nach? Sela
4 Erkennt doch: Die Ewige hat jemand Treues für sich auserwählt.
Die Ewige hört, wenn ich zu ihr rufe.
5 Werdet unruhig! Nehmt euch in Acht vor Fehltritten!
Besprecht in euren Herzen, auf eurem Lager – verstummt! Sela
6 Opfert Opfer der Gerechtigkeit und vertraut der Ewigen!

7 Viele sagen: Wer lässt uns Gutes sehen?
Gewichen ist von uns das Licht deines Angesichts, Ewige! Sela
8 Freude gabst du in mein Herz –
mehr als den anderen, als sie reichlich Korn und Most hatten.
9 In Frieden kann ich mich niederlegen und einschlafen.
Denn du, Ewige, verschaffst mir sicheren Sitz auch wenn ich allein bin.

Wer Schlaflosigkeit kennt und von Nächten gequält wird, in denen kreisende Gedanken die Kontrolle übernehmen, bleibt nach dem 3. Psalm mit Fragen zurück: Wie hat es aufgehört? Was hat sich in dieser

Nacht zugetragen? Wie höre ich Gottes Stimme, wenn fremde Stimmen meine inneren Stimmen werden? Wie finde ich zu mir zurück, wenn ich nicht mehr mir selbst gehöre? Diese Fragen werden im 4. Psalm aufgegriffen. Psalm 4 legt die Nachterfahrung des 3. Psalms unter ein Vergrößerungsglas und widmet ihr einen ganzen Psalm. Auf diese Weise gestalten die beiden Psalmen 3 und 4 nach der Ouvertüre in den beiden ersten Psalmen einen Probelauf für eine fortlaufende Lektüre des Buches. Die einzelnen Psalmen sind Kunstwerke, die auch für sich betrachtet werden können. Doch sie sind durch Themen und Stichworte miteinander verkettet. Ob diese Verkettung durch Dichtung oder Sammlung entsteht, ist im Einzelfall schwer zu sagen. Mit Blick auf Psalm 4 bin ich davon überzeugt, dass dieses Gedicht in direkter Auseinandersetzung mit den vorangehenden Psalmen entstanden ist. In jedem Fall werden wir durch die Verknüpfung der Gebete immer tiefer in die Auseinandersetzung mit Fragen und Themen der Gottesgeschichte hineingeführt. Psalm 4 geht hinein in die schlaflose Nacht. Ein ganzer Psalm spinnt aus, was vorher in zwei Versen angedeutet war:

Psalm 3
5 ich rufe, er antwortet mir
von seinem Heiligtumsberg.
6 Ich legte mich hin und schlief ein, –

Psalm 4
Ausgangspunkt:
2 Wenn ich rufe, antworte mir …
Die Wende: 3–6 …
Der EWIGE hört, wenn ich rufe
Schluss:
9 In Frieden kann ich mich hinlegen und einschlafen.

Die Bitte „Ich rufe, antworte mir“ (4,2) bildet den Auftakt. Die Erfahrung, von der Psalm 3 erzählt hat, dass „ich rufe und er mir antwortet“ (3,5), steht noch einmal auf dem Prüfstand. Die Prüfung führt zu dem erhofften Ergebnis. Auch Psalm 4 berichtet: „In Frieden kann ich mich niederlegen und einschlafen“ (4,9). Er bestätigt die Antwort, von der der 3. Psalm berichtet: „Ich legte mich hin und schlief ein“ (3,6). Aus der Nacht, in der eine ihre Unruhe losgeworden ist und Schlaf gefunden hat, ist ein ganzer Psalm geworden.

Psalm 4 führt zu einer erstaunlichen Entdeckung: In dieser Nacht erfährt die Beterin die Antwort Gottes, indem sie selbst sprechen lernt.

Das Zentrum des Psalms, das Anfechtung zu Vertrauen wendet (4,3–6), ist kein Gebet im klassischen Sinne, sondern eine Sprechübung. Die zentrale Strophe ist eine Umkehrpredigt, adressiert an eine Gruppe, die als „Söhne von Herren" angeredet wird. Wer Psalm 4 betet, konfrontiert Mächtige mit ihrem Tun: „Ihr Söhne von Herren, wie lange noch wird meine Würde zur Schande, wie lange liebt ihr Leeres und lauft Illusionen nach?" (4,3). Diejenigen, die Verantwortung dafür tragen, dass die Menschenwürde in den Dreck getreten wird, werden angesprochen. Sie werden mit der Leere ihres Lebens konfrontiert. Der Erfolg der Herren, der auf Kosten anderer geht, wird als eine leere Lebenslüge angeprangert. Wir Menschen sind keine isolierten Wesen. Wir werden geboren, genährt, überleben durch Arbeitsteilung und Solidarität. Bereits die Ouvertüre des Psalters hatte die zerstörerische Autonomie der Herrschenden, die als Freiheit verkauft wird, aufs Korn genommen. Wer den 4. Psalm betet, lernt diese Kritik genauer buchstabieren. Der Psalm sprengt damit enge religiöse Vorstellungen von Gebet. Mitten im Gebet zu Gott lehrt der Psalm die Auseinandersetzung in einem gesellschaftlichen Konflikt. Gebetet wird nicht nur, wo Menschen Gott direkt ansprechen. Gebet geschieht, wo ich Widerspruch und Redegewandtheit gegenüber denen, die Unrecht tun, einübe. Auch eine Demonstration kann ein Gebet sein. Gebet ist, wo Menschen Widerstand lernen. Gebet geschieht, wo Menschen aussprechen lernen: Das könnt ihr mit mir nicht machen.

Im Zentrum dieser Sprechübung geht es um die Einsicht, dass auf dieser Erde eine heilende Geschichte im Gang ist. Geschichte der lebendigen Gottheit ereignet sich unter uns. Sie wird charakterisiert durch das Wort Erwählung: „Erkennt doch: Die EWIGE hat jemand Treues für sich auserwählt" (4,4). Vermutlich führt das Wort „Erwählung" unter uns zunächst eher zu Abwehr als zu Umkehr. Mit dem Wort ist Ausgrenzung legitimiert worden. Doch wer mit dem Wort Erwählung Apartheidspolitik macht, tut dem biblischen Wort „erwählen" Gewalt an. Und wer es in Reaktion auf diese Gewaltgeschichte vermeidet, läuft Gefahr, das Zentrum der biblischen Botschaft zu verfehlen. Arnold Stadler z. B. erdichtet den Vers neu mit den Worten: „Ihr könnt doch sehen: Es ist ein Wunder, wie er den Seinen hilft."[2] Von Gottes Geschichte mit den Menschen bleibt ein Gott übrig, der an Menschen handelt. Doch die biblische Geschichte geht anders. Im 4. Psalm wird sie mit Hilfe des Wortes „erwählen" zusammengefasst: „Die EWIGE hat jemand Treues für sich auserwählt", d. h. Gott verbindet sich mit einzelnen Menschen. Diese ungewöhnliche Maßnahme kennzeichnet die biblische Gottheit von Anfang an. In einer Welt, in der die imperialen

Türme zum Himmel wachsen, ruft Gott Abraham und Sara, damit am Weg einzelner Menschen die Bestimmung aller erkennbar wird. Der Psalter hat in seiner Ouvertüre in einem Bild an diese Gottheit erinnert: Gott stellt den globalen Eliten, die als Herren der Welt daherkommen, einen Menschen entgegen, der anders ist: seinen messianischen König. Diese merkwürdigen Gegenmaßnahmen erzählen von dem Wesen der biblischen Gottheit: Sie lebt in Beziehungen. Ihre Geschichte geschieht in Begegnungen unter Menschen. Ihre Macht spüre ich im Wort, das mich trifft, im Du, das mir entgegentritt. In der Begegnung ereignet sich wirkliches Leben – das sollen die Söhne der Herren erkennen und umkehren. Aus Herrensöhnen sollen Mitmenschen werden. Mit dieser Aufforderung schließt der Umkehrruf. „Opfer der Gerechtigkeit" sollen sie erbringen. Es geht nicht um Opfer in rechter Gesinnung oder Opfer, die irgendwelchen Regeln entsprechen, sondern es geht um Anstand im Miteinander. Der rechte Gottesdienst ist die Zuwendung zum Menschen.

Psalm 4 ist Aktionskunst. Eine Performance würden wir heute sagen. Der Weg aus der Fremdbestimmung wird inszeniert. Ich lerne den Streit mit den Stimmen, die in meinen Gedanken ihr Unwesen treiben. In Psalm 4 reden sie der Resignation das Wort und haben jede befreiende Perspektive verloren (4,7). Offensive Kritik nimmt die Verwandlung von Herrensöhnen zu Mitmenschen vorweg. Sie schrumpfen von dämonischen Mächten, die meinen ganzen Körper besetzen, zu Gesprächspartnern und Gesprächspartnerinnen. Sie verlieren ihre Macht, indem ich eine andere Stimme einübe.

Unterwegs passiert das Wunder der Gottesgewissheit. Aus dem Irgendjemand, den Gott in seine Geschichte ruft, wird ein „Ich", das weiß, dass Gott hört. Der Zeile „Erkennt doch: Die Ewige hat jemand Treues für sich auserwählt" folgt zunächst nicht die Erkenntnis der Herren, sondern die eigene Gewissheit: „Die Ewige hört, wenn ich zu ihr rufe" (4,4). Das „Ich", das am Anfang des Psalms um Erhörung bittet, weiß jetzt, dass Gott gegenwärtig ist und hört. Die Erinnerung an Gottes Geschichte bringt für die Beterin den Wendepunkt von Notschrei zu Geborgenheit. In dem Moment, in dem sie Gottes Gegengeschichte erzählt, wird sie Teil dieser Geschichte. Gottes Antwort geschieht zwischen den Zeilen. Sie geschieht unterwegs, wo eine Unrecht nicht hinnimmt, sondern von Gottes Gegenmaßnahmen erzählt. Wo einer sich nicht isolieren lässt, sondern sich und andere an Gottes Geschichte erinnert, ereignet sich diese Geschichte. Die Frau, der Mann, die den 4. Psalm beten, werden jene Treuen, die Gott für seine Geschichte erwählt hat. Die überlieferten Worte werden eine neue Geschichte. Die Worte werden Fleisch. Die messianische Gestalt, die Gott der selbstbesessenen Elite entgegenstellt, bekommt einen Körper. Sie ersteht in Israel, sie ersteht in der Gemeinde. In denen, die den 4. Psalm beten, kommt sie zur Welt.

Universale Menschenwürde
Psalm 8

Psalm 8
1 Für die musikalische Aufführung. Auf der Gittit.
Ein Psalm für David.

2 Ewige, unser Herr,
Wie machtvoll ist dein Name auf der ganzen Erde,
über deine Majestät wird erzählt über den Himmel hin.
3 Aus dem Mund von Kindern und Säuglingen
hast du eine Macht geschaffen gegen alle, die dich bedrängen,
um Feind und Rachgierigen zur Ruhe zu bringen.

4 Wenn ich betrachte deinen Himmel,
das Werk deiner Finger: Mond und Sterne, die du befestigt hast –
5 Was sind Menschlein, dass du an sie denkst,
ein Menschenkind, dass du nach ihm siehst?
6 Wenig geringer als Gott lässt du sie sein,
mit Würde und Glanz krönst du sie.
7 Du lässt sie walten über die Werke deiner Hände.
Alles hast du unter ihre Füße gelegt:
8 Schafe, Rinder, sie alle, und auch die wilden Tiere,
9 Vögel des Himmels und Fische des Meeres,
alles, was die Pfade der Meere durchzieht.

10 Ewige, unser Herr.
Wie machtvoll ist dein Name auf der ganzen Erde.

Der Weg in die Nacht geht weiter. Eine Nachterfahrung bildet das Zentrum der ersten Psalmengruppe, die aus den Psalmen 3–14 besteht. In Psalm 8 ist der Nachthimmel die Kulisse einer Selbstreflexion: „Wenn ich betrachte deinen Himmel, das Werk deiner Finger: Mond und Sterne, die du befestigt hast – was sind Menschlein, dass du an sie denkst, ein Menschenkind, dass du nach ihm siehst?" (8,4.5). Die Betenden sehen sich selbst unter dem nächtlichen Himmel angesichts des unendlichen Universums – zerbrechlich, gefährdet, abhängig voneinander. Die Erinnerung an die Nächte der vorangehenden Psalmen stellt sich ein. Nächte, in denen die Auseinandersetzungen des Tages den Schlaf rauben (Psalm 3 und 4) oder körperliche Schmerzen quälen (Psalm 6) werden gegenwärtig. In Psalm 8 klingt die Bedrohung der Nacht nur noch im Staunen nach. Die Mütter und Väter unseres Glaubens sehen ihre Gefährdung – und staunen über die Bedeutung des bedrohten Menschleins. Mit Würde und Glanz hat Gott sie gekrönt! (8,6). Jetzt steht die Widerstandsquelle im Zentrum, der sich auch die vorangehenden Psalmen verdanken. Die Worte „Du bist meine *Würde*" setzte der Hetze und den Einflüsterungen der Vielen eine Grenze (Psalm 3,4). Die Frage „Wie lange wird meine *Würde* zu Schande?" wehrte Stigmatisierung durch die Umwelt ab (Psalm 4,3). Jetzt wird die Menschenwürde als inhaltliches und formales Zentrum der ersten Gruppe Klagepsalmen (Psalm 3–14) explizites Thema. Diese Reflexion der Menschenwürde ist zugleich eine kleine Theologie des Gottesnamens, auf den der hebräischen Text mit den vier Konsonanten Jhwh verweist.[3] Das Gotteslob „Ewige/Jhwh, unser Herr, wie machtvoll ist dein Name auf der ganzen Erde" am Anfang und Ende rahmt den gesamten Psalm und gibt sein Thema an. Es geht um das Wesen der Gottheit, die mit diesem Namen Jhwh von sich reden macht: die Würde der Menschen.

„Würde und Glanz", die die Menschenkinder krönen, sind in der altorientalischen Normalität Attribute der Gottheit in ihrer Funktion als Weltenherrscher und Eigenschaften des König, der an Gottes Stelle als „Gottessohn" oder „Gottes Bild" die Herrschaft auf Erden innehat. Diese Propaganda altorientalischer Königshöfe wird aufgenommen. Die Vorstellung, dass alle Kreatur den Menschen „unter die Füße gelegt ist" (Psalm 8,7), entstammt der Sphäre der Politik, wo Könige gekrönt werden, die sich mit Völkern „unter den Füßen" und als Bezwinger wilder Tiere darstellen lassen und so ihre Befähigung zur Herrschaft propagieren. Psalm 8 universalisiert diese Phraseologie. In ihren Bildern beschreiben die Verse 6–9 „Herrschaft" als allgemeines Menschenrecht. Psalm 8 weiß jede und jeden einzelnen Menschen mit königlicher Würde und Regierungsverantwortung gekrönt. Allen Menschen hat Gott Gestaltungsmacht und Gestaltungsverantwortung übertragen – für den Nahbereich, den eigenen Betrieb, „Schafe und Rinder", aber auch für die ferne Kreatur, „die wilden Tiere, die Vögel des Himmels und Fische des Meeres". Die Kreise, die in den Versen 8 und 9 gezogen werden, werden immer größer. Sie reichen bis in Meerestiefen. Nur die Herrschaft von Menschen über Menschen ist ausgeschlossen.

Das Wunder vom Menschlein, das Psalm 8 in wenigen Zeilen verdichtet, kennzeichnet die biblische Überlieferung. Wenn das 1. Buch Mose vom „Werden Israels inmitten der Völker" erzählt, werden keine biologischen Besonderheiten oder rassischen Unterschiede entwickelt. Ein Grundverständnis vom Menschen, was die Neuzeit „Menschenrechte" nennt, wird entfaltet. Als Bild Gottes sind alle geschaffen, männlich und weiblich (1. Mose 1,26 ff.). Als Spiegelbild Gottes sollen wir Menschen diese Erde gestalten, eine Bestimmung, die jedem Mann und jeder Frau ihre Berufung gibt, und doch unser individuelles Personsein übersteigt. Versöhnte Menschheit, die in ihrer Unterschiedlichkeit Frieden findet, Vielfalt, in der die Einzelnen ihre Unterschiedlichkeit erkennen und anerkennen, das ist Bild Gottes.

Provokant und sensationell klingt diese Rede vom Menschen nicht nur im Kontext der altorientalischen Privilegierung des Königs gegenüber der Masse der Menschen, die als Sklavinnen und Sklaven der Götter gedacht werden. Provokant und sensationell ist sie auch im Kontext der christlichen Privilegierung der Gläubigen gegenüber den Ungläubigen. Ein negatives Menschenbild charakterisiert die alte christliche Lehrtradition – und wurde durch die Reformation unterstrichen.[4] Die Menschen sind Sünderinnen und Sünder. Im Glauben können sie die Gnade Gottes ergreifen und gerettet werden. Nur durch den Glauben wird die Trennung zu einem Gott überwunden, dem es weniger um das Leben und Überleben von Menschen auf dieser Erde, als um den Glauben Einzelner geht. Der Glaube wurde zu einem Privileg vor Gott. Gottes Liebe galt den Glaubenden und nicht allen Menschen. Ungläubige und Andersgläubige wurden abgewertet. Ihnen wurde gleichwertiges Menschsein aberkannt. Die Konsequenzen dieses Glaubenszentrismus liegen wie ein dunkler Schatten über der Geschichte des Christentums. „Es gab eine christliche Rechtfertigung der Sklaverei, eine nicht allzu problematische Koexistenz mit der Folter, eine Ablehnung der Menschenrechtserklärung des achtzehnten Jahrhunderts, sogar eine Skepsis gegenüber der Allgemeinen Erklärung der Menschenrechte von 1948."[5]

Theologie und Anthropologie des 8. Psalms sprechen eine andere Sprache. Die Berührung mit der biblischen Gottheit sprengt die Einteilung der Welt in „Ich" und „die anderen". Gottesliebe führt in die Welt, Glaube zu Menschenrechten. Emmanuel Levinas hat diesen „Geist der jüdischen Bibel" mit den auch heute noch unerhörten Worten zum Ausdruck gebracht, „dass die Beziehung zum Göttlichen über das Verhältnis zu den Menschen führt und mit der sozialen Gerechtigkeit zusammenfällt ... Mose und die Propheten kümmern sich nicht um die Unsterblichkeit der Seele, sondern um den Armen, die Witwe, die Waise und den Fremden. Die Beziehung zum Menschen, in der die Berührung mit dem Göttlichen stattfindet, ist nicht eine Art *geistige Freundschaft*, sondern diejenige, die sich in einer gerechten Ökonomie manifestiert, erprobt und erfüllt, einer Ökonomie, für die jeder Mensch voll verantwortlich ist."[6]

Die Einzelnen, die in Psalm 8 über die eigene Würde und Bedeutung nachdenken, finden eine Antwort nicht mit Blick auf sich selbst. Die Frage „Was sind Menschlein?" wird nicht beantwortet, indem die Einzelnen der eigenen Identität nachsinnen und jede und jeder für sich die Frage „Wer bin ich?" beantwortet. Zwar spiegelt ihre Frage „Was sind Menschlein, dass du an sie denkst?" Selbstbewusstsein und Selbstreflexivität, Merkmale von Menschensein, die noch in modernen philosophischen Diskussionen genannt werden, wenn es darum geht, Menschen von Tieren zu unterscheiden. Doch bereits in der Frage verborgen ist das Geheimnis der menschlichen Würde, die nicht von Selbstreflexivität oder Weltgestaltung abhängt. Sie ist Berufung, sie wird gegeben. Sie gründet in Zuwendung. Was dabei auf dem Spiel steht, wird deutlich, wenn Krankheit oder Alter unser Selbstbewusstsein zerstören und die Fähigkeit zur Selbstreflexivität und Weltgestaltung verloren geht. Wenn ich mich nicht mehr an mein Früher erinnern kann, wenn ich die Menschen, die ich liebe, nicht mehr wieder erkenne und auch meinen eigenen Name nicht mehr weiß, bin ich dann noch ich selbst?

Die Fähigkeit zu denken und zu gestalten ist nicht die Grundlage unseres Selbstseins. Unsere Menschenwürde wird uns gegeben. Sie wird zugerufen. Hörbar wird diese Berufung und Begabung des Menschen gerade dort – und das ist das Außergewöhnliche der theologischen Reflexion des 8. Psalms –, wo mir ein Schrei um Hilfe entgegenkommt. Psalm 8 spricht von Neugeborenen und Säuglingen. Er nennt Menschen, bei denen die klassischen Merkmale der Personalität wie Selbstreflexivität und Weltgestaltung gerade nicht greifen. Psalm 8 behauptet, dass die Stimme der Humanität, für die der Gott mit Namen Jhwh einsteht, auf der ganzen Erde mächtig und hörbar ist. Jede und jeder Einzelne hört diese Stimme aus dem Mund von Säuglingen: „Aus dem Mund von Kindern und Säuglingen hast du eine Macht geschaffen gegen alle, die dich bedrängen, um Feind und Rachegierigen zur Ruhe zu bringen" (8,3). Psalm 8 formuliert in diesem Satz den Kern der biblischen Gottesoffenbarung. In der Bedürftigkeit von Menschen stellt Israels Gottheit sich dar. Im Schwächsten der Gemeinschaft zeigt diese Gottheit ihr Wesen und ihre Macht: Sie zeigt sich selbst als ein Gegenüber, das nach Liebe und Zuwendung verlangt! So meldet sie sich im Schrei der Kinder und Säuglinge zu Wort. Das ist die Macht des NAMENS auf der ganzen Erde! Jeder Mensch hört aus dem Mund von Kindern und Säuglingen den Ruf zur Mitmenschlichkeit und Verantwortung als unsere menschliche Bestimmung. Feindschaft und Rache wird ihre Legitimität entzogen, denn die Bedürftigkeit ist Schwäche und zugleich Gebot. Sie ist Gefährdung und zugleich Ruf zur Verantwortung. Emmanuel Lévinas spricht von dem Antlitz des anderen, das entblößt ist, „exponiert, bedroht, als würde es uns zu einem Akt der Gewalt einladen. Zugleich ist das Antlitz das, was uns verbietet, zu töten."[7]

Psalm 8 erklärt die Würde aller Menschen und leugnet doch nicht die Unterschiede unter den Menschen. Es gibt Schwache und Starke, Menschen, die Hilfe brauchen, und andere, die Hilfe leisten können. Beide sind Abbild Gottes. Beide sind Gottes Partnerinnen und Partner in der Weltgestaltung – der an Demenz erkrankte nicht weniger, als die im Vollbesitz ihrer Kräfte. Einer, der Verantwortung für Haus und Hof hat, nicht mehr, als eine, der durch eine Krankheit nur der eigene Körper und dessen tägliche Verrichtungen als Handlungsfeld bleiben. Ja gerade die, die um Hilfe schreien und Schutz und Geborgenheit verlangen, bezeugen die königliche Würde aller Menschen, weil Gott sich in ihrem Mund zu Wort meldet. Gerade sie sind Botschafterinnen und Botschafter der Gottheit. Denn aus ihrer Bedürftigkeit spricht die Bedürftigkeit Gottes, die uns zur Verantwortung ruft. Wenn wir in der Nacht angesichts der Zerbrechlichkeit des menschlichen Lebens Argumente suchen für unseren Wert und Antworten brauchen auf die Frage „Wer sind wir?", richtet Psalm 8 unseren Blick weg von uns selbst. Wir bekommen Antwort aus unerwartetem Munde. Um derjenigen willen, die nicht einmal fähig sind zur Hoffnung, finden wir Hoffnung. Den Schwächsten unter den Menschen ist es zu verdanken, dass wir uns nicht in der Nacht verlieren.

Das Geheimnis der Erlösung

Die Davidpsalmen

Beten ist Auseinandersetzung mit Geschichte und Politik des Gemeinwesens. Zum Gebet gehört die Zeitung oder – im Fall der Psalmen – die Samuelbücher, die Chancen und Scheitern der Geschichte Israels im Land durchdenken. Wer den Psalter zur Hand nimmt und das Gespräch mit Gott sucht, wird in ein Gespräch mit David verwickelt. Die Auseinandersetzung mit David charakterisiert den Psalter. Nahezu die Hälfte aller Psalmen werden durch die Überschrift *„ledawid"* (von/für

David) mit David in Verbindung gebracht. Einige davon werden auch noch mit einer bestimmten Situation aus Davids Leben verknüpft.[8] Außerdem strukturiert das Nachdenken über Davids Königtum den Psalter. Am Anfang wird das Königtum eingesetzt (Psalm 2). Am Ende des 2. Buches wird in Psalm 72 das Königtum an den Thronfolger Salomo übergeben, und die Zeit seiner Nachfolger beginnt. Das 3. Buch endet mit der Klage über das Scheitern des davidischen Königtums (Psalm 89). Wenn dann im 4. und 5. Buch des Psalters neue Lebensperspektiven nach der Katastrophe entwickelt werden, taucht David wieder auf. Besonders sein Wiedererstehen nach der Katastrophe macht deutlich, was für das gesamte Psalmenbuch gilt: David ist keine Figur der Vergangenheit. Sein Gedenken ist Gestaltung der Zukunft. Davids Name ist eine Chiffre für gestaltbare Gemeinschaft.[9] Er löst den Blick von den Gesetzen der vorherrschenden, hellenistischen Globalisierung und führt zur Auseinandersetzung mit der eigenen Geschichte, ihren Fehlern und ihrem Hoffnungspotential zurück. Sein Name steht in der biblischen Glaubensüberlieferung für die kurze Zeitspanne, in der Israel als nationale Einheit im Land existent war. Er erzählt eine Geschichte: Die Befreiung der israelitischen Stämme aus der Besatzung der philistäischen Küstenstädte; die Einigung der Nord- und Südstämme; die Gründung des geeinten Staates mit der Hauptstadt Jerusalem als seinem Zentrum. Einige Jahrzehnte hatte dieses aus Süd- und Nordstämmen geeinte Königreich Bestand, bevor es in Nord- und Südreich zerfallen ist. Davids Name erinnert an diese Zeit. Er hält die Hoffnung wach, dass Israel als selbstständige Größe im eigenen Land kein Hirngespinst ist, sondern dass selbstbestimmtes Zusammenleben trotz aller Konflikte in Zeit und Raum gestaltet werden kann.

Ein Großteil der biblischen Glaubensüberlieferung verbindet die messianische Erwartung mit dem Namen Davids. In vielen prophetischen Visionen äußert sich die messianische Hoffnung als Hoffnung auf einen Davidspross. Von einer Figur aus dem Geschlecht Davids ist die Rede, die endlich Gerechtigkeit als Maßstab der Regierungsgeschäfte einsetzen und die Einigung des zersplitterten und zerstreuten Volkes möglich machen wird (z. B. Jeremia 33,14–18). Das Ezechielbuch überliefert die Verheißung, Gott werde das in Nord und Süd gespaltene und unterdessen im Exil über die Erde verstreute Volk unter einem Hirten einen, und spricht dabei von David selbst: „Mein Knecht David wird sie weiden und ihr Hirte sein" (Ezechiel 34,23). Auch im Psalter geht es um diesen neuen David. Die Notiz *ledawid*, die wir gewöhnlich als Verfasserangabe „von David" lesen, ist deshalb missverstanden, wenn wir sie archäologisch als eine Fundstelle zur Rekonstruktion einer historischen Davidfigur deuten. Dagegen sprechen literaturwissenschaftliche Argumente. An Sprache und Thematik vieler Davidpsalmen lässt sich nachweisen, dass sie viele Jahrhunderte nach dem historischen David entstanden sind. Doch auch inhaltlich wehren sich die Psalmen dagegen, die Davidzuschreibung als Verfasserangabe zu deuten. Die Davidpsalmen sind Midraschim[10], so der jüdische Begriff für die Neuerzählungen biblischer Geschichte. In ihnen tauchen Handlungsmöglichkeiten auf, die über Davids Worte und Taten in den Samuelerzählungen hinausgehen. Es geht den Psalmen also eher um eine Dekonstruktion als um Rekonstruktion des Davids, von dem die Samuelbücher erzählen. Die Davidfigur wird im Psalter neu gestaltet. Deshalb meint die Überschriftennotiz *ledawid* eher „für David" als „von David". Auf jeden Fall ist diese Übersetzung möglich.

Die Psalmen werden David zugeschrieben, um seine Geschichte ins Gebet zu nehmen und zu verändern. Deshalb steht am Anfang Davids Niedergang. Die Herausgeberinnen und Herausgeber des Psalters steigen mit dem Absalomaufstand in die Davidgeschichte ein. Psalm 3 beginnt mit der Bemerkung: „Ein Psalm für David. Als er vor seinem Sohn Absalom floh." Absalom, Davidsohn und potentieller Thronfolger, hatte das Volk zu einer Revolte gegen David aufgestachelt (2. Samuel 15). Davids Urteilsfähigkeit und Rechtschaffenheit sind zu Recht von seinem Sohn Absalom angezweifelt worden. Im Verlauf dieses Aufstandes bleibt David siegreich, doch er beschwört ein erstes Auseinanderbrechen der Einheit Israels in Nord und Süd herauf. Er beginnt Geheimverhandlungen mit der Provinz Juda (2. Samuel 19,10 ff.). Er setzt auf verwandtschaftsgestützte Hausmachtpolitik und trägt mit dieser Fixierung auf die eigene Macht dazu bei, dass die Nordstämme sich in einem Aufstand abspalten, der zu einem erneuten Bürgerkrieg führt (19,24 ff.). Psalm 3 bearbeitet die innere Gefährdung, die der Verlust der Macht bedeutet, und schreibt ihrer Rückeroberung eine innere Wandlung zu. Statt sich auf die eigene Macht zu fixieren und die Gemeinschaft zu zerstören, findet David einen Weg zurück zur Gemeinschaft und bittet um Segen für das gesamte Volk.

Die Davidpsalmen verwandeln die gescheiterte Geschichte Davids und Israels, indem sie sie auf Zukunft hin öffnen. Im Leben derjenigen, die im Psalter das Gespräch mit Gott suchen, wird die alte Geschichte neu geschrieben. Das Gespräch mit Gott macht das Leben der Betenden zu einem Ort, an dem die Kämpfe und noch offenen Probleme, die in Davids Geschichte zutage treten, ausgetragen werden. Getreu der jüdischen Weisheit, dass „Vergessen das Exil verlängert, Erinnerung das Geheimnis der Erlösung ist", wird den Frauen und Männern, die sich auf die Auseinandersetzung mit David einlassen, erlösende Kraft zuerkannt. Sie treten an einer Stelle in die Geschichte ein, an der Israel durch die Machtfixierung seines Regenten zerfällt. Der neue David gewinnt Gestalt, wenn die Betenden in das Ich der Psalmen hineinschlüpfen. Sie werden zu messianischen Figuren, in deren Ringen mit eigenen Gefährdungen die Einheit Israels neu wachsen kann. Erich Zenger und Frank-Lothar Hossfeld formulieren in ihrem Psalmenkommentar, dass den Psalmen durch den Davidbezug „die Kraft zugesprochen (wird), dass Israel in und mit diesen Psalmen seine ‚davidisch-messianische' Würde bzw. Sendung einüben und realisieren" kann.[11]

Dabei sind die meisten dieser Davidpsalmen Klagen. Gerade da, wo isolierte, bedrängte Menschen Worte suchen, wird die Verbindung zu David hergestellt. Frauen und Männer, die nicht mehr weiter können, werden zu einer das eigene Ich transzendierenden Wirklichkeit geführt. Sie verkleiden sich in die Davidfigur und lernen sich als Menschen wahrnehmen, die die Gesellschaft gestalten. Ihr Ringen um eine eigene Lebensperspektive wird erkennbar als Ringen um die Erneuerung der Gemeinschaft. Auch wenn wir denken, dass wir nichts tun können, auch wenn unsere Handlungsspielräume auf die Bewältigung unserer eigenen Not oder Krankheit beschränkt sind oder durch die politische Situation minimiert werden, wir lernen uns Psalmen betend als Menschen kennen, auf die es bei Gottes Veränderung der Welt ankommt.

Die Davidpsalmen verknüpfen die beiden Themen, die die Ouvertüre des Psalmenbuches angekündigt hat. Eine Situation, in der keine Institution das Gottesrecht und die Einzelnen schützt, war in der Ouvertüre als Kontext des Buches und Herausforderung für die spirituelle Orientierung der Einzelnen benannt worden. Zugleich wurde mit der Figur des Messias das Versprechen erneuert, dass Gott sein Recht in den Institutionen dieser Welt durchsetzen wird. Die Klagepsalmen Davids verknüpfen beide Stränge: das einsame Ringen um die eigene spirituelle Ausrichtung und die großen politischen Verheißungen. Sie behalten in äußerster Ohnmacht politische Autonomie und Egalität im Blick. Auf diese Weise verbindet die Davidfigur des Psalters zwei Aspekte der messianischen Idee, die im Laufe ihrer Geschichte auseinandergefallen sind und im Konflikt zwischen Christentum und Judentum eine Rolle gespielt haben. Typisch für das Judentum ist – so die Darstellung Gershom Scholems, auf die ich bereits in der Einführung hingewiesen habe – ein Begriff der Erlösung, die „sich in der Öffentlichkeit vollzieht, auf dem Schauplatz der Geschichte", während Erlösung im Christentum „als ein Vorgang im ‚geistlichen' Bereich und im Unsichtbaren" verstanden wird, „der eine geheime Verwandlung bewirkt, der nichts Äußeres in der Welt entsprechen muss".[12] Die Davidfigur hält den öffentlichen und geistlichen Bereich beieinander. Auch dort, wo Unrecht nur noch durch spirituelle Disziplin entmachtet wird, bleibt die konkrete politische Gestalt des Gemeinwesens der Horizont von Auseinandersetzung und Spiritualität. Allerdings wirkt die jahrhundertelange Abgrenzung, mit der christliche Theologie die irdischen, politischen Perspektiven der biblischen Erlösungshoffnung abgewehrt hat, bei der Interpretation der Davidfigur nach. Verschiedene christliche Ausleger entpolitisieren den David der Psalmen. Ihrer Deutung nach würden die ersten drei Bücher „die Davidfigur historisierend als erwählten König" gestalten, nach der Klage über den Untergang der Dynastie verändere sich in Buch 4 und 5 die Sicht „zum Bild Davids als des (gesetzes)frommen Beters und weisen Dichters … Zwar (spricht) immer noch der David, der auch König ist, doch hat das kein Gewicht mehr."[13] „Aus König David ist eine Privatperson geworden, die dem individuellen Beter als Vorbild dient und dessen Gott der Gemeinschaft häusliches Glück verheißt."[14] Die Abgrenzung vom Judentum hat den Dualismus von Frömmigkeit und Politik eingeübt, der das Verständnis der Davidfigur blockiert. Denn der David der Psalmen politisiert die privaten Notlagen. Wie es die Frauenbewegung programmatisch formuliert hat, wird hier das Private politisch. Beten mit David fordert Spiritualität ein, ohne zu spiritualisieren. Der innere Weg bereitet die neue Welt Gottes vor, die spirituelle Verweigerung ist Vorübung für staatliches Leben in Selbstbestimmung. Betend vollzieht sich die Erkenntnis, dass jede und jeder Einzelne mitverantwortlich ist für die Vollendung der Geschichte Israels und der gesamten Menschheit, auch wenn es konkret darum geht, Ängsten und Aggressionen die Kontrolle über mich zu entziehen. Emmanuel Lévinas hat im Nachdenken talmudischer Texte eine Definition von Messianismus formuliert, die die auseinanderstrebenden Aspekte der messianischen Idee verknüpft, in der ich die Bewegung der Davidpsalmen wiederfinde: „Der Messianismus ist also nicht die Gewissheit der Ankunft eines Menschen, der die Geschichte anhält. Er ist meine Fähigkeit, das Leid aller zu tragen. Er ist der Augenblick, in dem ich diese Fähigkeit und meine universale Verantwortung erkenne."[15] So ist auch im Psalmenbuch der Messias keine Figur der Endzeit, die die Geschichte abbricht, sondern Berufung aller, die Psalmen beten. Betend, um eine Lebensperspektive ringend wird jede/jeder zu der messianische Figur, die der Ewige den entfesselten Mächten dieser Erde entgegenstellt.

Auf der Suche nach Humanität

Psalm 11–14

Der Jubel über die königliche Würde der Menschen hat ein Nachspiel – die Suche nach ihr in der Welt. Gott selbst hält vom Himmel her Ausschau nach Menschlichkeit und findet nichts. Die Psalmen 11–14 sind eine kleine Komposition, die diese suchende Bewegung Gottes zusammenbindet:

> Die Ewige, im Himmel ihr Stuhl,
> ihre Augen schauen
> ihre Blicke prüfen
> die Menschenkinder. (Ps 11,4)
>
> Die Ewige lugt nieder vom Himmel
> auf die Menschenkinder
> zu sehen, ob Einsichtige da sind,
> die nach Gott fragen. (Ps 14,2)

Gott sucht unter den Menschenkindern nach Humanität – vergeblich. Die Suche führt zu dem erschütternden Ergebnis, dass „alle abgewichen sind, gemeinsam sind sie angefault. Niemand tut Gutes, auch nicht eine Einzige, nicht ein Einziger" (14,3). Solche Totalitätsaussagen prägen die Psalmen 11–14. Die Fundamente der Gesellschaft werden geschleift (11,3), alle Menschen lügen (12,2–3), alle sind angefault (14,3). Alle Lebenszusammenhänge sind zerrüttet, alle Menschen korrumpiert. Ohne die Unterscheidung zwischen Opfern und Tätern zu verwischen, beklagen diese Psalmen die Zerrüttung von Humanität in allen Dimensionen des Zusammenlebens. In diese Situation treten die Betenden ein. Sie stehen ohnmächtig in einer von Gewalt zerrissenen Welt mit der Frage: „Wenn die Grundpfeiler geschleift werden, was können die, die sich bewähren wollen, tun?" (11,3).

Sprache spielt bei dieser Zerstörung von Humanität eine besondere Rolle. Sie zerstört, indem sie die Zerstörung verschleiert. Psalm 12 beklagt ihre Gewalt.

> **Psalm 12**
> 1 Für die musikalische Aufführung. Auf der Achten.
> Ein Psalm für David.
>
> 2 Befreie, Du!
> Denn die Gott lieben, sind am Ende.

Verschwunden sind die Treuen unter den Menschen.
3 Wahn reden sie alle,
von glatter Lippe, mit gespaltenem Herzen.
4 Die Ewige möge sie vertilgen,
alle glatten Lippen, die großrednerische Zunge,
5 sie die sprechen: „Unsere Zunge ist unsere Macht,
unsere Lippen sind mit uns, wer sollte über uns herrschen?"

6 „Wegen der Vergewaltigung der Gebeugten, wegen des Ächzens
der Armen jetzt stehe ich auf", spricht die Ewige.
„Ich setze in Freiheit, die man indoktriniert."
7 Die Worte der Ewigen sind klare Worte,
Silber, in der Werkstatt geschmolzen zur Erde, siebenfach geläutert.
8 Du wirst sie behüten, Du, wirst sie bewahren
vor diesem Geschlecht da auf Weltzeit,
9 während ringsum die Frevler sich ergehen
solange Gemeinheit obenauf ist unter den Menschen.

Ein Gewaltzusammenhang wird in diesem Psalm benannt, den die Frauenbewegung im 20. und 21. Jahrhundert mit ihrer Forderung nach inklusiver Sprache immer wieder thematisiert hat. Gewalt wird verdeckt und verschwiegen und dadurch unentrinnbar. Denn alle sind mit ihrem Reden an der Entfremdung beteiligt. Wer sprechen lernt, redet von „herrlich" und „dämlich", lautmalt Bilder von Herren und Damen, arbeitet mit an Schablonen, die schließlich als innere Bilder von Weiblichkeit und Männlichkeit unser aller Leben verformen. Die Frauenbewegung hat die Wahrnehmung für diesen Machtzusammenhang geschärft, der uns in einzelnen Worten zu Leibe rückt. Das Wort „runterbrechen" ist ein Beispiel. Plötzlich reden alle davon. Auch Frauen und Männer, die in emanzipatorischen Arbeitsfeldern tätig sind, benutzen dieses Wort, das Herrschaft weitergibt. Es wird nicht mehr „durchbuchstabiert" oder „erprobt". Die Bewegung geht nicht von unten nach oben, nicht die Praxis darf Theorie formen und herausfordern. Die Bewegung geht mit Gewalt von oben nach unten.

Psalm 12 beschreibt die Beteiligung aller und unterscheidet doch zwischen Tätern und Opfern. Im Hintergrund der allgemeinen Verrohung benennt er eine Elite als Nutznießerin. Die Bildungseliten wissen, dass die Sprache eine gesellschaftliche Institution ist, die wie ein Gott allen Dingen ihren Namen und Platz gibt. Sie sind getrost, dass dieser Gott „mit ihnen ist" und sie unangreifbar macht. „Sie sprechen: ‚Unsere Zunge ist unsere Macht! Unsere Lippen sind mit uns, wer sollte über uns herrschen?'" (12,5). Sie legen durch ihren Zugang zu Bildung und

Öffentlichkeit die eigenen Lebensvorstellungen buchstäblich allen in den Mund. Psalm 12 spricht von Indoktrination (12,6). Das mit „Indoktrination" übersetzte hebräische Wort *puch* heißt wörtlich „anblasen, anhauchen". Bekannt ist das Verb in einer verwandten Form aus der Schöpfungsgeschichte. Dort benennt es die lebendigmachende Tat Gottes, der den Menschen den „Lebensodem einbläst" (1. Mose 2,6). Die Pervertierung dieser Gottestat erleben die Verliererinnen und Überflüssigen der Gesellschaft. Ihnen wird die herrschende Sprache ins Gehirn geblasen.

Und doch bestreitet Psalm 12 die Totalität der Indoktrination. Israels Gottheit verhindert die Gleichschaltung. Sie macht der Gottheit „Sprache" das Gottesamt streitig. „‚Wegen der Vergewaltigung der Gebeugten, wegen des Ächzens der Armen – jetzt stehe ich auf', spricht die Ewige. Ich setze in Freiheit, die man indoktriniert" (12,6). Der Widerstand Gottes gegen diese Sprachgewalt klingt zunächst nach einer machtvollen Intervention. Die Ewige steht auf und ergreift für die Armen Partei. Die weitere Beschreibung unterlegt diese Intervention dann allerdings mit Bildern, die an einen mühevollen und schmerzhaften Prozess denken lassen. Der Psalm ruft das Bild einer Werkstatt wach, in der die Sprüche Gottes gereinigt werden. „Die Worte der Ewigen sind klare Worte, Silber, in der Werkstatt geschmolzen zur Erde, siebenfach geläutert" (12,7). Auch die Reden Gottes müssen geläutert werden. Sie sind offenbar Teil des gesellschaftlichen Wahnsinns. Der Aufstand der Ewigen zugunsten der Armen ist auch ein Aufstand gegen Gottesbilder und Reden in Gottes Namen. Dieser Widerstand Gottes, den Psalm 12 ins Bild bringt, prägt die gesamte biblische Überlieferung. Die Bibel versteht das Wort Gottes nicht als abgeschlossene, unangefochtene Autorität. Alle, auch die in der Bibel tradierten Texte müssen der Frage unterzogen werden, ob ihre Reden von Gott bestehendes Unrecht stützen. Eine grundsätzliche Spannung zwischen der Gottesgeschichte und menschlichen Sprachbildern kennzeichnet die biblische Überlieferung. Sie ist der Grund, warum der Gottesname Jhwh unausgesprochen bleibt. Wo diese vier Konsonanten in einer Erzählung vorkommen, stolpern die Lesenden oder Übersetzenden und müssen überlegen: Wie geben wir den Namen Gottes wieder? Adonai, mein Herr; oder Herr, wie Martin Luther übersetzt? Martin Buber und Franz Rosenzweig wollen dieser herrschaftlichen Prägung des Namens entkommen. Sie versuchen mit der pronominalen Wiedergabe Du, Er, Sein etc. die mit dem Namen gegebene Zusage Gottes, gegenwärtig zu sein, zu vergegenwärtigen. Viele jüdische Bibel- und Gebetsübersetzungen haben „der Ewige" als gebräuchliche Wiedergabe des Namens.

„Die oder der EWIGE“, „die oder der HEILIGE“, „die oder der LEBENDIGE“, „die oder der EINE“ sind Beispiele für die vielfältigen Versuche der Bibel in gerechter Sprache. Sie alle sind Zeichen dafür, dass Israels Gottheit in ihrem Zur-Welt-Kommen immer wieder in Auseinandersetzung und Kritik zu den Worten und Bildern gerät, die sie bezeugen.

Gottes Nähe in der Gottesferne

Psalm 13

Wo findet dieses Zur-Welt-Kommen der Gottheit Israels statt? Wo ist dieser Gott, der die Armen befreit? Psalm 13 klagt den Aufstand ein, von dem Psalm 12 erzählt. Die Frage „wie lange dauert das Unrecht noch an?“ wird vier Mal wiederholt. Gott wird seine Abwesenheit in der Welt vorgehalten.

Psalm 13
1 Für die musikalische Aufführung.
Ein Psalm für David.

2 Wie lange noch, EWIGE,
vergisst du mich auf Dauer?
Wie lange noch
hältst du dein Antlitz vor mir verborgen?
3 Wie lange noch
muss ich Sorgen hegen in meiner Seele,
Verzweiflung in meinem Herzen, Tag für Tag?
Wie lange noch
stehen die, die mich anfeinden, über mir?

4 Blicke her!
Antworte mir,
EWIGE, mein Gott!
Erleuchte meine Augen,
sonst entschlafe ich zum Tod,
5 sonst sagen meine Feinde:
„Wir haben uns durchgesetzt“,
sonst werden die, die mich bedrängen, jauchzen,
weil ich den Boden unter den Füßen verliere.

6 Ich aber, ich habe mich deiner Zuneigung anvertraut,
mein Herz wird über dein Befreien jauchzen.
Ich will der EWIGEN singen,
denn sie hat mich entwöhnt.

„Wie lange, Du, vergisst du mich auf Dauer? Wie lange hältst du dein Angesicht vor mir verborgen?" (13,2). Eine Welt ohne Gott wird in den Schreien des Psalms ausgemalt. Verzweiflung und Feindschaft bedrängen die Betenden und kein Gott greift ein. Wie es bei vielen Klagepsalmen der Fall ist, wird nicht deutlich, mit welcher konkreten Notsituation wir es zu tun haben, ob Krankheit, Überschuldung oder Verfolgung. Deutlich wird nur, dass Menschen beten, deren Leben gefährdet ist, und kein Gott da ist, der heilt oder hilft. Am Rande des Abgrunds sehnen sich die Betenden nach einem Leben von Angesicht zu Angesicht, dem in der Gegenwart die Grundlage entzogen wird: „Sieh her! Antworte mir, Du, mein Gott. Erleuchte meine Augen … denn ich verliere den Boden unter den Füßen" (13,4–5).

In der dritten Strophe (13,6) vollzieht sich eine Wende. Die Betenden reflektieren die Beziehung, auf die sie sich mit Klagen und Bitten eingelassen haben. „Ich aber, ich habe mich deiner Zuneigung anvertraut" (13,6). Bitten und Flehen werden als Taten des Vertrauens erkannt, auf die Klagen wird als ein Beziehungsgeschehen zurückgeblickt: Wer zu Gott über Gottes Abwesenheit schreit, stellt in der Gottverlassenheit eine Beziehung zu dem Gott her, der Befreiung und Leben versprochen hat. Die Klagen sind wie ein Echo der erwarteten Befreiung und der zukünftigen Loblieder. So sprengt das Klagegebet, das sich an den abwesenden Gott wendet, die Alternative von Abwesenheit und Anwesenheit und vertraut Gott in seiner Verborgenheit. Die Kluft wird überwunden – und zwar – so behauptet Psalm 13 in der letzten Zeile – auch von Gott her. Der bzw. die Betende blickt am Ende auf die Erfahrung zurück, dass der abwesende Gott geantwortet hat: „Ich will der EWIGEN singen, denn sie hat mich entwöhnt" (13,6). Die Erfahrung der Zuwendung wird mit dem Wort „entwöhnen (hebräisch: *gamal*)" benannt (vgl. Ps 131,2). Gott „ließ es mir reifen" übersetzt Martin Buber, ebenso die Bibel in gerechter Sprache. Die Betenden blicken auf einen Prozess zurück, in dem Gott sie hat erwachsen werden lassen. Gott ist den Einzelnen, die zu ihm flehen, im Bild einer Mutter nahe gekommen, die sich wünscht, dass ihre Kinder ihr nicht mehr am Rockzipfel hängen. Das Wort „entwöhnen" deutet ein Beziehungsgeschehen an, das die Verborgenheit Gottes nicht aufhebt. Kein tröstender Zuspruch hat die Wende von Bitte zum Lob ausgelöst. Auch wenn es Auslegerinnen und Ausleger gibt, die den Stimmungsumschwung zwischen den Versen 5 und 6 mit dem Auftreten eines Priesters oder Kultpropheten erklären wollen, der die Hilfe Gottes ankündigt, der Psalm selbst sagt davon nichts. Die Perfektformen „ich habe mich anvertraut" und „sie hat mich entwöhnt" (13,6) sprechen vielmehr von einer rückblickenden Reflexion. Über das Beziehungsgeschehen, das sich im Vollzug der Klage ereignet hat, wird nachgedacht. Im Rückblick erkennen die Betenden, dass sie von Gott behutsam auf eigene Füße gestellt wurden, damit sie in der Welt ohne Gott überleben können.

Im Hintergrund dieses Psalms steht eine Erfahrung, die Dietrich Bonhoeffer während seiner Haft in den Jahren 1943/44 umgetrieben hat, „dass wir in der Welt leben müssen – ‚etsi deus non daretur' (als ob es Gott nicht gäbe)".[16] Er beschreibt eine von Gewalt zerrüttete Welt als den Platz, an den Gott uns Menschen stellt, um dort für Gott Platz zu schaffen. „Gott gibt uns zu wissen", formuliert Dietrich Bonhoeffer, „dass wir leben müssen als solche, die mit dem Leben ohne Gott fertig werden" (241). Auf dem Weg mit Gott entstehen solche Situationen, in denen Menschen auch für Gott Verantwortung übernehmen müssen.

Psalm 13 gibt dieser Erfahrung Raum. Er zeigt die Bedeutung, die die Klage in diesem Prozess spielt. Die Klage benennt die gottvergessenen Zustände und hält wider den Augenschein an der Geltung von Gottes Verheißungen fest. Sie lässt Macht nicht Recht diktieren, sondern hält die Unterscheidung von Recht und Unrecht aufrecht. Im Vollzug der Klage geschieht beides: Gott wird angegangen, sein Recht durchzusetzen, und zugleich gewinnt Gottes Lebensweisung in der Welt Geltung. Die zu Gott rufen, geben Gott in der Welt Raum, indem sie denen, die Unrecht tun, ihr Recht bestreiten. Und so, indem wir an der Gottheit, die wir nicht erfahren, festhalten, erfüllen wir als erwachsene Partnerinnen und Partner unseren Teil in der Geschichte mit Gott.

Dabei geht es nicht um einen Kraftakt. Psalm 13 erzählt von einer befreienden Tat Gottes: „Sie hat mich entwöhnt." In der Beziehung zu Gott werde ich Subjekt – auch dort, wo ich mich als Objekt erfahre. Für mich war das eine der starken Erfahrungen in dem Jahr, als ich krank war. Ich wusste, dass meine Erschöpfungsdepression nicht von Gott kam. Die Psalmen, die die Abgewandtheit Gottes beklagen, schulen dieses Wissen. Krankheit und Not sind nicht nach Gottes Willen. Sie sind Ausdrucksformen einer Welt, die sich Gottes entledigt hat. Gerade diese Gewissheit, dass Gott die Welt anders will, als ich sie erlebe, macht es möglich, in der Erkrankung einen Weg zu suchen, der die Tür für die neue Welt Gottes offen hält. Durch diese Suche findet der Wandel vom Objekt- zum Subjektsein statt, für den Psalm 13 einen Erfahrungsraum schafft. Wir bekommen Worte, um die Unterstützung Gottes in der Gottverlassenheit zu erfahren: „Die Ewige hat mich entwöhnt." Während wir um Heilung beten, wächst die Ahnung, dass die Ewige nahe kommt, ihrerseits betend, dass wir mit unserem versehrten, gefährdeten Körper handlungsfähig werden und Gott in uns und durch uns in der Welt Platz gewinnt. Wir lernen, die Hilfe zu verstehen, die Gott uns leistet: Sie traut uns zu, Gott Raum zu geben und die gottvergessenen Umstände im Sinne Gottes zu gestalten.

1 Etty Hillesum, Das denkende Herz. Die Tagebücher der Etty Hillesum 1941–1943, Hamburg 1985, 39.

2 Arnold Stadler, „Die Menschen lügen. Alle" und andere Psalmen, Frankfurt am Main, Leipzig 1999,18.

3 Auf die vielfältigen Versuche, den Gottesnamen Jhwh ins Deutsche zu übertragen, komme ich bei der Auslegung des 12. Psalms zu sprechen, S. 53 f.

4 Frank Crüsemann, Reformatorische Impulse aus der hebräischen Bibel, in: Junge Kirche 4/2012, 31–46.

5 Hans Joas, Die Sakralität der Person. Eine neue Genealogie der Menschenrechte, Berlin 2011, 204.

6 Emmanuel Lévinas, Schwierige Freiheit. Versuch über das Judentum, Frankfurt am Main 1992, 32.

7 Emmanuel Lévinas, Ethik und Unendliches, Wien 1986, 65.

8 Siehe dazu die Einführung in diesem Buch.

9 Matthias Millard spricht von einer „Personenchiffre", die den Bezug auf ein „lokal und sozial" geeintes Israel andeutet – „ein Israel, das – im Duktus der biblischen Geschichtsdarstellung – noch nicht in Nord- und Südreich, geschweige denn in verschiedene Diasporagruppen aufgespalten ist", Matthias Millard, Die Komposition des Psalters. Ein formgeschichtlicher Ansatz (FAT 9), Tübingen 1994, 231.

10 Brevard S. Childs nannte die Psalmen Midraschim der überlieferten Geschichte, Brevard S. Childs, Psalm Titles and Midrashic Exegesis, in: JSSt 16 / 1971, 137–150.

11 Frank-Lothar Hossfeld / Erich Zenger, Psalmen I 1–50 (NEB 29), Würzburg 1993, 16.

12 Gershom Scholem, Über einige Grundbegriffe des Judentums, Frankfurt am Main 1970, 121, siehe dazu auch die Einführung in diesem Buch.

13 Martin Leuenberger, Konzeptionen des Königtums Gottes im Psalter. Untersuchungen zu Komposition und Redaktion der theokratischen Bücher IV–V im Psalter (AThANT 83), Zürich 2004, 173.

14 Egbert Ballhorn, Zum Telos des Psalters. Der Textzusammenhang des Vierten und Fünften Psalmenbuches (Ps 90–150) (BBB 138), Wien 2004, 283.

15 Emmanuel Lévinas, Schwierige Freiheit. Versuch über das Judentum, Frankfurt am Main 1992, 95.

16 Dietrich Bonhoeffer, Widerstand und Ergebung, München 1962, 241.

3. Die Würde Gottes
Psalm 15–24

Wenn menschliche Verantwortung zur Sprache kommt, folgen nach meiner Erfahrung unweigerlich Gespräche über Selbstüberschätzung und Überforderung. Und auch Verunsicherung! Denn wenn Gott nach verlässlichen Menschen Ausschau hält, die für Gott Verantwortung übernehmen müssen, was können wir dann noch von Gott erwarten? Vor dem Hintergrund solcher Gespräche überrascht es nicht, dass auch am Ende der Psalmen 3–14 , die Würde und Verantwortung von Menschen beschreiben, die Frage, wie ein Ende der Gewalt je zu Wege kommen wird, als Schrei im Raum stehen bleibt: „*Wer* gibt vom Zion her Befreiung für Israel?" (14,7). *Wer* sind die Akteure der Befreiungsgeschichte Gottes? Wie verhalten sich Gottes Verantwortlichkeit und die Verantwortlichkeit des Menschen? Diese Fragen werden in der zweiten Psalmengruppe, den Psalmen 15–24, bearbeitet. Die Fragen nach den Akteuren und Akteurinnen der Geschichte Gottes rahmen diese Psalmen (15,1; 24,3). An ihrem Ende steht die Frage „*Wer* ist würdig König zu sein?" Sie findet eine klare Antwort: „Die Ewige, gebietend über Himmelsmächte, sie ist würdig König zu sein" (24,10). Akteurin der Befreiungsgeschichte Israels ist die Gottheit, die zur Befreiung ruft.

Die Vision, dass Israels Gottheit ihr Königsregiment antritt und alle Völker regiert, findet sich dann allerdings ausgerechnet in Psalm 22, jenem Psalm, der durch Jesu Klage am Kreuz bekannt geworden ist. Mit allen, die vor ihm und nach ihm diesen Psalm gebetet haben, schreit er gegen das Schweigen der Gottheit an: „Mein Gott, mein Gott, warum hast du mich verlassen?", und Gottes Antwort bleibt aus. Mit dieser Anklage setzt der Psalm ein: „Du antwortest *nicht*!" (22,2). Die Not der Menschen verhallt in einen leeren Himmel.

Gottes Regiment
Psalm 22

Mit den erschütternden Worten „ein Wurm bin ich und kein Mensch, Hohn der Leute, verachtet vom Volk" benennen bedrängte Menschen die Verletzung ihrer Würde. Ausgrenzung und Verachtung tragen das ihre zu körperlicher Gewalt bei: „Alle, die mich sehen, verspotten mich, verziehen die Lippen, schütteln den Kopf, (und sagen:) Klage es dem EWIGEN! Der lässt ihn entrinnen, rettet ihn, denn er hat Gefallen an ihm" (22,7–9). Im Gerede der Leute werden Hoffnungstexte von Rettung (aus Psalm 18) in Spott verkehrt und besiegeln den Ausschluss aus der menschlichen Gemeinschaft. Ein enthumanisierter Raum entsteht, den Psalm 22 in schrillen Bildern ausmalt. Die Leidenden sind umringt von Stieren, bedroht von Löwen, eingekesselt von Hunden (13–22). Statt von Menschen sind sie von bestialischer Gewalt umgeben.

Wie oft in den Psalmen tritt dann plötzlich mitten in Verrohung und Gewalt eine Wende ein. Plötzlich antwortet Gott. In der auslegenden Literatur zu Psalm 22 wird immer wieder ein Umschwung der Verhältnisse im Hintergrund dieser Veränderung vermutet. Die Heilszusage eines Priesters oder eine plötzliche Wendung zur Gesundung sei verantwortlich, dass der Psalm von der Klage zum Lob führt. Doch Psalm 22 sagt davon nichts. Im Gegenteil. Gott antwortet mitten in der Bedrängnis. Die Antwort, von der Psalm 22 erzählt, ist mindestens so Anstoß erregend wie seine Klage. Von Gott wird mit Worten gesprochen, die jegliche Distanz zwischen Gott und den Leidverursachern zu verwischen drohen. Noch im Schreien „Rette mich aus dem Rachen des Löwen" kommt die Antwort: „Aus den Hörnern der Stiere antwortest Du mir" (22). Die Gottheit spricht in dem Elend aus dem Elend.

Der Anstoß dieser Gottesrede wird durch die meisten Übersetzungen unkenntlich gemacht. Unsere Sehnsucht nach einer Erlösung, die uns aus den Krisen und Konflikten unseres Lebens herausholt, greift in den hebräischen Text ein und trennt die Antwort Gottes von der Leidsituation ab. Als Beispiel nenne ich die Lutherbibel und die Bibel in gerechter Sprache:

Lutherübersetzung:
Hilf mir aus dem Rachen des Löwen,
und vor den Hörnern wilder Stiere
– du hast mich erhört.

Bibel in gerechter Sprache:
Befreie mich aus dem Maul des Löwen,
vor den Hörnern der Stiere. – Du antwortest mir.

Beide Übersetzungen fügen in die Mitte der zweiten Zeile ein Satzzeichen ein und trennen die Zuwendung Gottes als unabhängigen Hauptsatz ab. Die bedrohlichen „Hörner der Stiere" werden Teil der Rettungsbitte der ersten Zeile. Der hebräische Text stellt jedoch einen Zusammenhang zwischen der Gefahrensituation und der Antwort Gottes her. Und er bietet keine Anhaltspunkte für die Auflösung dieser Nachterfahrung. Auch widerspricht der Bericht, der im 2. Teil des Psalms (22,23–32) auf die Antwort Gottes zurückblickt, der Trennung von Gottesantwort und Leiderfahrung. Wenn die Betende erzählt, was ihr widerfahren ist, erzählt sie von einer Gottesoffenbarung *im* Leiden: „Gott hat nicht verachtet, er hat die Erniedrigung der Erniedrigten nicht für etwas Abscheuliches erachtet. Er hat sein Angesicht nicht vor ihnen verborgen, hat gehört, wenn sie zu ihm gestöhnt haben" (25). Die Gottheit hat die Verachtung der Leute nicht geteilt. Sie hat die Erniedrigung der Erniedrigten nicht für etwas Abscheuliches erachtet, dem sie sich fernhalten muss! Gott selbst hat eine Grenze überschritten. Diese Grenzüberschreitung kommt durch das Wort „Abscheuliches" hautnah. Das hebräische Wort *schakaz* (zum Abscheu machen, verabscheuen) ist jedem Mann und jeder Frau aus dem alltäglichen Lebensvollzug bekannt. Es begegnet in der biblischen Überlieferung als ein Fachterminus im Kontext von Speisevorschriften. Es gibt Lebewesen, die sind dem menschlichen Genuss verwehrt. Sie gelten als unrein, als Abscheuliches, bei dessen Verzehr Menschen sich selbst zum Abscheu machen (3. Mose 11,10 ff.).Im täglichen Lebensvollzug soll durch diese Abgrenzung Unterscheidung erlernt und Achtung vor der Heiligkeit des Lebens eingeübt werden, um der Heiligkeit Gottes nahe zu kommen. Psalm 22 nimmt diesen aus der Diskussion um die Speisegebote bekannten Begriff, um zu bestreiten, dass menschliche Erniedrigung aus dem Bereich der göttlichen Heiligkeit herausfällt. Gott hat sich ihrer abscheulichen Situation zugewandt.

Gottes Zuwendung geschieht mitten im Erleiden der Bestialität. Sie geschieht aus dem tierisch verzerrten Angesicht der Bedränger – so übersetze ich „die Hörner der Stiere". Es geht um eine Erfahrung, von der Zvi Kolitzs Dichtung „Jossel Rakovers Wendung zu Gott" berichtet. Jossel Rakover hält Gott in den Ruinen des Warschauer Gettos entgegen:

> *„Ich sage Dir das alles so deutlich, weil ich an Dich glaube, weil ich mehr an Dich glaube als je zuvor – weil ich jetzt weiß, dass Du mein Gott bist. Denn Du bist doch nicht, Du kannst doch nicht der Gott jener sein, deren Taten der grauenvollste Beweis ihrer aggressiven Gottlosigkeit sind. Denn wenn Du nicht mein Gott bist – wessen Gott bist Du dann? Der Gott der Mörder? Wenn die, die mich hassen, die mich morden, so finster sind, so schlecht, wer bin dann ich – wenn nicht jemand, der etwas von Deinem Licht verkörpert und von Deiner Güte?"*[1]

Jossel Rakover bereitet sich in den Ruinen des Warschauer Gettos auf den Tod vor. Er sieht seine Mörder kommen und erkennt in deren Hass sich selbst – einen Menschen, der Gottes Liebe verkörpert. Die Gewalttaten nationalsozialistischer Soldaten offenbaren ihm die Nähe Gottes. Er verklärt nicht Gewalt als Wille Gottes – wie es in unserer Tradition oft geschieht, wenn versucht wird, angesichts des Leidens von Gott zu sprechen. Jossel Rakovers Gottesgewissheit ist keine Flucht zu dem Gott „Schicksal", der gut und böse willkürlich über Menschen ausschüttet und ein vermeintliches Recht dazu hat, weil angeblich alles Leiden irgendwie Sinn macht. Sie ist die Gewissheit der Gottheit Israels, die lehrt, den Weg des Lebens von dem Weg des Todes zu unterscheiden. Er bekennt ausdrücklich:

> *„Ich glaube an den Gott Israels, auch wenn Er alles getan hat, dass ich nicht an Ihn glauben soll. Ich glaube an Seine Gesetze, auch wenn ich Seine Taten nicht rechtfertigen kann. … Ich habe Ihn lieb. Doch Seine Tora habe ich lieber. Selbst wenn ich mich in Ihm getäuscht hätte, Seine Tora würde ich weiter hüten"* (39).

Wo kein Gott und keine gesellschaftlichen Institutionen die leidenden Menschen schützen, bleibt durch Gottes Tora die Unterscheidung zwischen Unrecht und Recht aufrecht. Wer mordet, hat damit nicht das Recht zu morden! Mit seinem Gebot macht der Gott Israels die Erde dem Gott Schicksal streitig. Gottes Gebot bringt die „Hörner der Stiere" zum Sprechen. Gottes Gebot zwingt die Taten der Mörder, deren aggressive Gottlosigkeit zu verkünden. Mord und Totschlag sprechen das Urteil über ihre Täter. Erbarmungslosigkeit bezeugt die Abwehr der Güte Gottes, Menschenverachtung spricht vom Widerstand gegen den Ruf zur Menschlichkeit, den die Täter in der Begegnung mit ihren Opfern vernehmen und nicht hören wollen. Spiegelverkehrt hören die Frauen und Männer, die sich in Psalm 22 zu Wort melden, aus dem Angriff, der sie vernichten will, Gottes Trost. Sie erkennen Gott an ihrer Seite. In ihnen selbst bekommt Gottes Ruf zur Menschlichkeit, gegen den ihre Verfolger anwüten, eine Gestalt. Aus dieser Nachterfahrung erwächst die Vision von Gottes Königsregiment über alle Völker. Die Völker werden umkehren und die Gottheit Israels anerkennen. Psalm 22 malt diese Umkehr aus. Die Vision ist die Kehrseite der beschriebenen Nachterfahrung. Denn die, die sich der Gewalt verschrieben haben, brauchen sich nur an die Begegnungen mit ihren Opfern zu „erinnern". Sie brauchen nur der Situationen zu gedenken, in denen sie dem Anschein nach mit Gewalt den Sieg davongetragen haben:

22, 28 Es werden sich erinnern
und sich zum EWIGEN wenden alle Enden der Erde.
Es werden sich vor dir niederwerfen
alle Sippen der Völker.
29 Dem EWIGEN gehört das Königreich,
er herrscht über die Völker.

In den Augen derer, die sie zu Gewürm entwürdigt haben, haben sie die unantastbare Menschenwürde gesehen. Sie brauchen sich nur zu erinnern! Sie haben die königliche Würde und Macht der „EWIGEN" erfahren, die verhindert, dass Gewalt Recht ersetzen kann. Ihre Umkehr ist nahe.

Der Offizier unter dem Kreuz Jesu

Die Frauen und Männer, die im Markusevangelium von Jesu Leben erzählen, haben in Psalm 22 ihre Worte gefunden. Die Passionsgeschichte erwächst aus diesem Psalm. Soldaten verteilen Jesu Kleider, indem sie das Los darüber werfen (Psalm 22,19). Die Umstehenden spotten und schütteln den Kopf (Psalm 22,8). Mit den Worten „Mein Gott, mein Gott, warum hast du mich verlassen" (Psalm 22,2) klagt Jesus sein Elend. Und schließlich beginnt die Umkehr der Völker, die Psalm 22 kommen sieht (22,28–29), wenn der römische Hauptmann bekennt: Wahrhaftig, dieser Mensch war Gottes Kind!" (Markus 15,39).

Der Hauptmann beaufsichtigt als Offizier der römischen Besatzungstruppe die Hinrichtung Jesu. Eine Performance der Macht des römischen Imperiums soll er inszenieren. Wie bei unzähligen Kreuzigungen, die das Imperium vollstreckt, wird noch einmal die Überlegenheit der römischen Besatzer über das jüdische Volk zur Schau gestellt. Das Markusevangelium kennt diese ideologische Funktion der Kreuze und erzählt die Hinrichtung Jesu als öffentliche Machtdemonstration Roms. Das Evangelium verbindet die Hinrichtung Jesu mit einem Detail aus dem jüdisch-römischen Krieg, der 70 n. Chr. mit der Zerstörung des Tempels in Jerusalem endete. In dem Augenblick, in dem Jesus stirbt, wird aus dem Kriegsgeschehen zitiert. Der Vorhang, der im Jerusalemer Tempel den Gottesdienstbereich vom Allerheiligsten trennte, zerreißt. Die Erzählung erinnert daran, dass Titus, der Oberbefehlshaber der römischen Armee und spätere Kaiser in Rom, kurz bevor der Tempel in Flammen aufgeht, den Vorhang im Tempel beseitigt hat und in das Allerheiligste eingedrungen ist. So gibt es bei Jesu Kreuzigung mehr zu sehen als den einen, der stirbt. Es geht auch um den Sieg Roms über das jüdische Volk. Es geht um den Sieg Roms über den jüdischen Gott, den der römische Feldherr im Allerheiligsten glaubt besichtigen zu können, weil er ihn entmachtet hat. Als Repräsentant dieser Siegermacht sieht ein Offizier dem Sterbenden zu – und doch sieht er nicht den Sieg Roms. Er muss die Gotteserfahrung, die Psalm 22 erzählt, bezeugen. Zwar konnten die Römer Land und Tempel verwüsten, doch angesichts der Hinrichtung Jesu wird ihre Macht als Selbstzerstörung öffentlich zur Schau gestellt. Unsere Mütter und Väter im Glauben erzählen in Auseinandersetzung mit Psalm 22, was sie im Sterben Jesu gesehen haben: die Welt der Herren und Kaiser zerfällt, aber verletzliche Menschen mit ihrer unzerstörbaren Würde werden den Streit um diese Erde gewinnen. Denn der Gott, den die Römer besiegen wollten, wird sichtbar – in einem verletzten, verlässlichen Menschen.

Eine himmlische Erzählung
Psalm 19

Psalm 19

1 Für die musikalische Aufführung.
Ein Psalm für David.

2 Die Himmel erzählen von der Würde Gottes.
Vom Tun seiner Hände kündet das Gewölbe.
3 Ein Tag sprudelt dem anderen Tag Worte zu,
eine Nacht gibt der anderen Nacht Wissen weiter.
4 Es sind keine Worte, es ist keine Rede, – unhörbar ist ihre Stimme.
5 Doch in das ganze Erdreich ist ihre Stimme ausgezogen,
bis ans Ende der Erde ihr Gespräch.
Dort hat er der Sonne ein Zelt gemacht.
6 Sie ist es, die wie ein Bräutigam auszieht aus seinem Gemach,
sie freut sich wie im Wettkampf, die Bahn zu laufen.
7 Vom einen Ende des Himmels zieht sie aus,
folgt ihrem Umlauf bis zum anderen Ende.
Nichts bleibt ihrer Glut verborgen.

8 Die Weisung der EWIGEN ist integer,
sie bringt Lebendigkeit zurück.
Die Verpflichtung der EWIGEN ist zuverlässig,
sie macht Unerfahrene weise.
9 Die Anordnungen der EWIGEN sind richtig,
sie erfreuen das Herz.
Das Gebot der EWIGEN ist klar,
es lässt die Augen leuchten.

10 Die Verehrung der Ewigen ist rein,
sie hat Bestand auf Dauer.
Die Urteile der Ewigen sind verlässlich,
gerecht sind sie allesamt.
11 Begehrt sind sie, mehr als Gold, als reinstes Gold,
süßer als Honig, als Bienenhonig.

12 Auch die dir dienen, werden durch sie erleuchtet.
Sie zu bewahren bringt viel Lohn.
13 Fehler – wer nimmt sie wahr?
Von Verborgenem sprich mich frei!
14 Auch vor den Vermessenen halte zurück, die dir dienen!
Sie sollen keine Macht über mich haben.
Dann bin ich vollkommen, frei von großer Schuld.
15 Mögen dir gefallen die Reden meines Mundes.
Das Murmeln meines Herzens komme vor dein Angesicht,
Ewige, mein Fels und mein Erlöser!

Der Advent des Weltenkönigs ist das Thema der Psalmen 15–24. In Psalm 24 steht Gottes Kommen unmittelbar bevor. Es erklingt das Adventslied „Macht hoch die Tür, die Tor macht weit“. Die Stadttore Jerusalems werden aufgefordert: „Öffnet euch, Tore, öffnet euch, uralte Pforten, denn es kommt, der würdig ist, König zu sein.“ Die, die einzig würdig ist, König zu sein, wird ausdrücklich benannt: „Die Ewige gewaltig und mächtig, die Ewige mächtig im Kampf, die Ewige gebietend über Himmelsmächte, sie ist würdig, König zu sein (24,8.10). Worin liegt diese besondere Würde der Ewigen, die dazu führt, dass die Psalmenbeterinnen und -beter einzig ihr das Weltregiment zuerkennen? Die Psalmen 15–24 denken diesem Geheimnis der Königsherrschaft Gottes in einer kunstvoll gestalteten Ringkomposition nach:

Wer-Fragen									
sogenannte Einzugsliturgie	15								24
Vertrauenspsalmen		16						23	
Klagepsalmen			17				22		
Königspsalmen				18		20/21			
Torapsalm					19				

Im Zentrum der Komposition steht Psalm 19. „Die Himmel erzählen von der Würde Gottes“, mit diesen Worten setzt der Psalm ein. Die Würde Gottes, die sich in der Regentschaft der Erde zeigt, wird beschrieben.

Die Himmel fangen an zu sprechen. Sie erzählen von der Würde der Gottheit: Ihrem Engagement für gutes, unbedrohtes Leben. Als „Gewölbe" (hebräisch: *rakia*) werden die Himmel gedacht. Wie eine Glocke wölben sie sich schützend über die Erdscheibe und hindern die chaotischen Wassermassen oberhalb des Gewölbes, die Erde zu zerstören. Psalm 19 verdichtet die Bilder der Schöpfungsgeschichte aus dem 1. Buch Mose. Eine Verheißung für die Erde ist die Erzählung des Himmelsgewölbes: geschützter Raum ist gegeben, gutes Leben ist auf der Erde möglich. Tage und Nächte setzen diese Erzählung fort. „Ein Tag sprudelt dem anderen Tag Worte zu, eine Nacht gibt der anderen Nacht Wissen weiter" (19,3). Zeit ist uns zum Leben gegeben. Keine leer dahinlaufende Zeit, sondern Tage. Tag um Tag ist eine neue Chance, Leben miteinander in Frieden zu gestalten. Nacht für Nacht wird erzählt, dass die Finsternis nicht überhand nehmen wird. Sie ist begrenzt und benennbar. Wir sind auch in der Dunkelheit der Finsternis nicht hilflos ausgeliefert. Schöpfung wird nicht gedacht als Bühne, auf der sich das Leben nach eigenen Gesetzen abspielt. Gottes Schöpfung ist immer neues Engagement gegen Gewalt. Dieses Engagement bestimmt alle Zeit. Mit der Sonne geht diese Erzählung über die Erde. Im altorientalischen Umfeld gehörte die Sonne zur Götterwelt. Sie war als Gottheit zuständig für die Wahrung des Rechts. Psalm 19 beschreibt sie entgöttert, aber doch in dieser ihrer althergebrachten Funktion: Alles Verborgene bringt sie an Licht. Verborgenes Unrecht bleibt nicht ungesehen. Die Erde wird von den entfesselten ökonomischen Mechanismen und verborgen wirkenden Traumata befreit. Die Sonne arbeitet darauf hin. Menschen, die sich in verborgene Gewaltstrukturen ohnmächtig verwoben sehen, sehen in der Sonne Gottes Engagement für Selbstbestimmung und Freiheit.

Das Mysterium, dass ich in der Natur von dem Traum der Gerechtigkeit höre, wurzelt in Schriftmystik. Dass die Himmel so ins Erzählen kommen, ist Werk der Tora. Die Tora gibt die Würde Gottes zu erkennen. Ihre Meditation steht im Zentrum des Psalms (8–11). Auch dort, wo kein Weg sichtbar ist und die Globalisierung des Unrechts den Sieg zu haben scheint, bleibt die Integrität der Tora. Mit dieser Überzeugung „Die Weisung des Ewigen ist integer" setzt die Meditation ein (19,8). Im Hintergrund dieser Gewissheit steht eine Auferstehungserfahrung. Die Weisung Gottes „bringt Lebendigkeit zurück" (19,8). Die Worte Gottes stellen zerstörtes Leben auch angesichts der Übermacht des Todes wieder her. Auch wo Vermessenheit um sich greift und Verrohung wächst, wird dem Unrecht eine Grenze gesetzt. Denn die Tora hält den Unterschied zwischen Recht und Unrecht aufrecht. Die Tora macht eine bewohnbare Erde denkbar. Insofern kann die Reihenfolge von Schöpfungslied und Torapsalm in Psalm 19 über die innere Ordnung der beiden Teile nicht hinwegtäuschen. Das Schöpfungslied verdankt sich der Lebensweisung Gottes. Gottes Gebot tradiert eine Lebensvision und schult, diese Vision auch in der Schöpfung zu hören. Wo „keine Worte sind und keine Rede und keine Stimme gehört wird" (19,4), wird von Frieden und Gemeinschaft erzählt, auf die alles Leben zielt.

Die Kraft der Tora, Leben wiederherzustellen, erfahren die Leute Gottes auch an sich selbst. Sie schreiben: „Auch die dir dienen, werden durch sie erleuchtet" (19,12). Menschen werden zu Lichtquellen. Psalm 19 spricht in Bildworten, die wir aus dem Danielbuch kennen. „Die Verständigen werden *leuchten* wie der Leuchtglanz des *Himmelsgewölbes* und die, welche die vielen zur Gerechtigkeit gewiesen haben, wie die Sterne immer und ewig" (Daniel 12,3). Gottes schöpferisches Engagement für Lebensorte, von dem der Himmel erzählt, nimmt in Menschen Gestalt an. Sie werden mitten in der herrschenden Maßlosigkeit zu verlässlichen Orientierungspunkten. Ihr Leben bildet auf der Erde eine Analogie zur Tätigkeit der Sonne am Himmel. Die Auseinandersetzung mit dem „Verborgenen" verbindet beide Akteure (Vers 7 und Vers 13).

Die Macht verborgener Gewalt ist das Thema des Gebetes, mit dem der Psalm endet (12–15). Die Einzelnen sind derart in strukturelle Gewaltprozesse verwoben, dass sie sich kaum in der Lage sehen, eigene Fehler wahrzunehmen. Sie erklären im Gebet ihre Lage: „Fehler – wer nimmt sie wahr?", und bitten: „Von Verborgenem sprich mich frei!" (13). Unwissentlich und unwillentlich verfehlen auch die, die Gott suchen, das gute Leben. Von alters her rechnet die biblische Überlieferung beim Nachdenken über menschliches Fehlverhalten mit solchen Verirrungen und Verstrickungen (z. B. 3. Mose 4,13; 4. Mose 15,22). Auch wo wir nicht willentlich Unrecht tun, sind wir an Unrecht beteiligt. Diese Einsicht ist mit der Befreiungstheologie auch unter uns neu zur Geltung gekommen. Sünde realisiert sich in unserem Handeln, wo wir anderen Unrecht tun und uns selbst isolieren. Sünde lebt aber auch in Strukturen. Sie manifestiert sich in Gebäuden und Hierarchien, in den Besitzverhältnissen und Bildungsunterschieden. Sünde hat auch die Dimension struktureller Gewalt und Unterdrückung. Psalm19 sieht solche verborgene Gewalt, die das Tun und Lassen von Menschen bestimmt. Zugleich benennt er die Gefahr, dass aus Verstrickung Mittäterschaft wird, und formuliert: „Auch vor den Vermessenen halte zurück, die dir dienen! Sie sollen keine Macht über mich haben" (14).

Maßlosigkeit hat das gesellschaftliche Leben im Griff. Vermessene geben den Ton an und setzen Maßstäbe, die jedermann und jede Frau beherrschen. Mir stehen dabei Einzelne und Betriebe vor Augen, auf denen die Frage „Wachsen oder Untergehen" lastet. Wo kein menschliches Maß die Wirtschaftsprozesse reguliert, heißt es mitmachen oder verschwinden. Der Anpassungsdruck macht zu Mittäterinnen und Mittätern. Die Betenden sehen sich in dieser Gefahr, dass die herrschende Maßlosigkeit ihr eigener Wertmaßstab wird, und wehren sich dagegen im Gebet.

Psalm 19 spiegelt gesellschaftliche Zustände, in die schon die Ouvertüre des Psalters einen Einblick gab. Die Tora bestimmt nicht das geltende Recht. Die überlieferten Weisungen, die gegen Akkumulation intervenieren, greifen nicht ein. Wirtschaftswachstum hat das Leben im Griff. In dieser Situation kennzeichnet eine Meditationspraxis die Leute Gottes. Sie murmeln Tora. So halten sie den Traum von Gerechtigkeit fest. Eine Welt, die auseinander fällt, suchen sie in ihrer spirituellen Praxis zusammenzuhalten. Dass es gelingen möge, darauf zielt ihr Gebet. Psalm 19 endet mit der Bitte: „Mögen dir gefallen die Reden meines Mundes. Das Murmeln meines Herzens komme vor dein Angesicht, Ewige, mein Fels und mein Erlöser!" (19,15). Die Menschen, die Psalm 19 beten, setzen verborgener Gewalt eine Grenze. Sie ordnen mit den „Reden ihres Mundes" die Welt im Geiste der Tora und kommen mit diesem Tun dem Himmel zu Hilfe. Ihr Engagement stellt die Welt als Gottes Schöpfung und Gottes Würde wieder her – möge Gott ihre Hilfe annehmen!

Messianische Zeit

Psalm 20

Psalm 20

1 Für die musikalische Aufführung.
Ein Psalm für David.

2 Dir antworte die Ewige, wenn du in Bedrängnis bist,
dich schütze der Name des Gottes Jakobs!
3 Er sende dir Hilfe vom Heiligtum,
von Zion aus stütze er dich!
4 Er nehme alle deine Gaben an,
deine Brandopfer mögen ihm gefallen! Sela
5 Er gebe dir, was dein Herz ersehnt,
alle deine Pläne erfülle er!

6 In Jubel ausbrechen wollen wir über deine Befreiung,
im Namen unseres Gottes Fahnen schwingen.
Die EWIGE erfülle alle deine Bitten!

7 Jetzt habe ich erkannt,
dass die EWIGE ihren Messias befreit.
Gott wird ihm aus seinem heiligen Himmel antworten
durch die befreiende Kraft seiner Rechten.
8 Diese verlassen sich auf Streitwagen, jene auf Pferde,
wir aber – auf den Namen der EWIGEN, unseres Gottes,
verlassen wir uns.
9 Sie knicken ein und stürzen,
wir aber erheben uns, wir überdauern.
10 Befreie, EWIGE!
Der König wird uns antworten, wenn wir rufen!

Die Psalmen 15–24 erzählen vom Weltkönigtum Gottes, aber im Zentrum der Komposition geht es um einen König aus Fleisch und Blut. Um den zentralen Hymnus, Psalm 19, gruppieren sich Königspsalmen (Psalm 18 und 20–21). In Psalm 18 wird Gott gepriesen, der „seinem König große Befreiungstaten verschafft, der zuverlässig zu seinem Messias steht, zu David und seinen Nachkommen für alle Zeit" (Psalm 18,51). Psalm 20, der uns im Folgenden beschäftigen wird, beschreibt diese Befreiung des Messias als ein Geschehen unserer Gegenwart. Psalm 21 reagiert mit einem Danklied. Gott-König und Messias-König stehen nebeneinander. Auch wenn Gottes königliche Macht in allgemeinen Menschenrechten besteht und seine Würde in universaler Menschenwürde zum Vorschein kommt, spielt doch der Messias eine besondere Rolle, wenn es um Gottes Weltregiment geht. Durch die Messiasfigur werden die Hoffnungen auf Gottes Weltkönigtum und das Nachdenken über irdische Institutionen untrennbar miteinander verbunden. Dort, wo von der Königsherrschaft Gottes geredet wird, geht es um Politik. Der Messias bindet Gottessehnsucht und Heilserwartung an die Auseinandersetzung mit konkreten politischen Verhältnissen. Alle möglichen und unmöglichen Sinnfindungsversuche, die angesichts globaler Unrechtsstrukturen das Sektenwesen entdecken oder in den Himmel starren, werden abgewiesen. Die Geschichte der Könige und Königinnen der untergegangenen Reiche Judas und Israels lebt mit dem Königstitel Messias auf und wird in den Königspsalmen erinnert. Im Hintergrund dieser „Königspsalmen" stehen Lieder und Texte aus der Zeit der Könige Israels.[2] Theologieproduktion im Dienste von Königshäusern ist in sie eingeflossen. Auch als es in Israel längst kein Königtum mehr gab, wurden sie tradiert, bearbeitet und fortgeschrieben. Sie erinnern daran, dass in Israel Könige gesalbt worden sind. Von Saul, David und Jehu finden sich in den Samuelbüchern entsprechende Erzählungen. Es wurden in Israels Geschichte schon einmal Hoffnungen in einzelne Königsfiguren gesetzt. Sie sind gescheitert. Diese gescheiterten, verpassten Chancen und die misslungenen Aufbrüche setzt der Messias auf die Tagesordnung. Die Erwartung bleibt auf die Wiederherstellung Israels im eigenen Land gerichtet. Der Königstitel Messias richtet die Hoffnung auf die Erneuerung der Gesellschaft und verpflichtet zur Auseinandersetzung mit konkreten politischen Fehlentscheidungen.

So thematisiert Psalm 20 die Rüstungspolitik, die mit ihrem enormen Verbrauch an Steuergeldern für Israels Entwicklung zu einer Klassengesellschaft ausschlaggebend war. Königtum und Militärwesen waren untrennbar verwoben. In dem Wunsch nach erfolgreicher Landesverteidigung wurzelte die Akzeptanz des Königtums (1. Samuel 8). Die Folge waren Militärs und Berufssoldaten, die nicht in der Landwirtschaft arbeiteten, aber von ihr ernährt werden mussten und die bäuerlichen Betriebe belasteten. Auch entsteht mit diesen Menschen, die vom Krieg leben, eine Dynamik, gegen die die prophetische Kritik während der gesamten Königszeit zu intervenieren versuchte. Im Hören dieser prophetischen Stimmen beschreibt die Gemeinde in Psalm 20 die Spuren der messianischen Heilszeit: „Diese verlassen sich auf Streitwagen, jene auf Pferde, wir aber – auf den Namen der EWIGEN, unseres Gottes, verlassen wir uns“ (20,8). Wo von der messianischen Zeit geredet wird, geht es um Konsequenzen, die aus der prophetischen Kritik der Königszeit gezogen werden müssen.

Die Rede vom Messias ist keine rückwärtsgewandte Nostalgie. In Psalm 20 ist das besonders greifbar. Der Psalm nimmt ein Gebetsfragment aus der Zeit der Könige auf, aber sein Interesse gilt der Jetztzeit, der königslosen nachexilischen Zeit, als die Psalmen zusammengestellt wurden, genauso wie es uns um das aktuelle *Jetzt* geht, in der wir die Psalmen hören und beten.

Der Psalm beginnt mit einem alten Gebet. In der ersten Strophe spricht eine Gruppe von Menschen Wünsche aus für eine andere, eine ihnen gegenüberstehende Person: „*Dir* antworte die EWIGE, wenn *du* in Bedrängnis bist, *dich* schütze der Name des Gottes Jakobs!“ (20,2). Die Identität dieser Person, der die Fürbitte gilt, wird nicht gelüftet. Deutlich ist aber, dass die Betenden ihr eigenes Wohlergehen von der Person abhängig sehen, für die sie beten. Die Befreiung, um die sie für ihr Gegenüber bitten, geht sie alle an: „In Jubel ausbrechen wollen *wir* über *deine* Befreiung, im Namen unseres Gottes Fahnen schwingen" (20,6). Die Sprechenden sehen sich als ein in ihrer Existenz bedrohtes Volk, dessen Wohlergehen von den politisch Verantwortlichen abhängig ist. Wer genau diese Verantwortlichen sind, bleibt offen. Vermutlich haben wir es hier mit einem Textfragment jener Hoftheologinnen und -theologen zu tun, die in der Zeit dichteten, als Könige in Israel aktiv waren. Vermutlich liegen Teile eines Bittgebetes vor uns, das für den König einst bei irgendeiner öffentlichen Feierlichkeit gebetet wurde. Dennoch bleiben die Bitten durch die Verborgenheit des Adressaten vieldeutig. Der uns vorliegende Text gibt damit Menschen in königslosen Zeiten Worte und Raum für eigene Assoziationen. Die Figur, der alle guten Wünsche gelten, ist transparent hin auf die politische Führung, aber genauso auf jede und jeden Einzelnen in der Gemeinde. Frauen und Männer, die Psalm 20 sprechen, beten für ihre Regierung, um selbst als freie Menschen leben zu können! Sie beten aber auch für die Frau und den Mann neben ihnen. Das „Du", das beim Beten immer auch im Blick ist, ist die oder der jeweils Nächste in der Gemeinde. Der Psalm ist auch Gebet der Gemeinde für die Gemeinde. Er ist Ausdruck der Einsicht, dass die Gemeinschaft von der Verantwortungsbereitschaft und dem Wohlergehen jeder und jedes Einzelnen ihrer Glieder abhängig ist.

Dieses Gebetsgeschehen ist die Jetztzeit. Wo Psalm 20 gelesen und gebetet wird, treten Menschen in gegenseitiger Fürbitte füreinander ein und übernehmen mit ihrem Gebet Verantwortung für die Gestalt ihres Gemeinwesens. Dieses Geschehen der Gegenwart wird zu Beginn der zweiten Strophe reflektiert. Eine Einzelne tritt der Gemeinde gegenüber und meldet sich mit dem Bekenntnis zu Wort: *„Jetzt* habe ich erkannt, dass die Ewige ihren Messias befreit" (20,7). Die Gegenwart wird als messianische Heilszeit verkündet. Die Fürbitte, die mit der ersten Strophe gerade hinter uns liegt, gibt den Ausschlag. Die Sprecherin deutet die Fürbitte als ein Zeichen der messianischen Zeit. In der Fürbitte gewinnt der Messias Gestalt. In Frauen und Männern, die für ihre Nächsten in Gemeinde und Politik Verantwortung übernehmen, tritt er in Erscheinung. Die Zukunft Gottes kommt auf die Gegenwart zu und wird im Eintreten der Einzelnen füreinander erfahrbar. Gott überlässt die Erde nicht der Zügellosigkeit und Willkür irgendwelcher Machthaber. Er tritt für seinen Messias ein, d. h. Gott arbeitet darauf hin, dass Frieden und Gerechtigkeit auf dieser Erde lebbare Alternativen werden. Diese Zukunft Gottes ist als gegenwärtige Kraft spürbar, wo Menschen füreinander um Gottes Segen bitten.

In der Gemeinde wird eine Zukunft als Wirklichkeit erfahren, die noch kommen muss. Das Bild, das der Psalm von der Messiasfigur zeichnet, spiegelt dieses Ineinander der Zeiten. Der Messias, eine Symbolfigur für gesellschaftliche Erneuerung und alternative Politik, tritt nicht als politischer Akteur in Erscheinung. Er ist ein von Gott Befreiter, einer dem geholfen wird (20,7). Er ist der Repräsentant eines Volkes, das von Feinden bedroht ist, das sich nach Freiheit sehnt, auf der Bühne der Weltpolitik keine bedeutende Rolle spielt und nicht auf militärische Stärke setzt. Gott führt seinen Streit. Seine Befreiung geschieht in der Gegenwart, und doch steht am Ende des Psalms der Schrei „befreie EWIGE" (20,10). Auch das Nebeneinander von individueller Königsfigur und kollektiver messianischer Existenz spiegelt diese Gleichzeitigkeit von „schon jetzt" und „noch nicht". Es wird eine Zeit kommen, da wird man an unseren Städten sehen, dass hier die Töchter und Söhne Gottes wohnen, und an unseren Handelsbeziehungen erkennen, dass die messianische Zeit der Geschwisterlichkeit gekommen ist.[3] Bis dahin schlüpfen wir beim Psalmenlesen in den Mantel des Messias in der Hoffnung, dass er in der Gemeinde Gestalt gewinnt. Wir erzählen von Menschen, die die messianische Hoffnung bewahrheitet haben. Und wir halten Ausschau nach dem Kommen des Messias. Das heißt, wir schulen Achtsamkeit und Fürbitte für die Menschen, die mit uns unterwegs sind, und lernen von den Menschen, die mit uns leben, Gutes zu erwarten.

1 Zvi Kolitz, Jossel Rakovers Wendung zu Gott. Zweisprachige Ausgabe, Berlin 1997, 43.
2 Siehe dazu die Einführung in diesem Buch.
3 Dorothee Sölle, zivil und ungehorsam. Gedicht, Berlin 1990, 108.

Trauerarbeit

4. Interventionen von Frauen
Psalm 42–51

Die Psalmen verknüpfen die Königsherrschaft Gottes mit der Herrschaft eines Königs auf dem Zion. Die „himmlische" Sehnsucht nach einer Welt voller Gerechtigkeit, Frieden und geheilter Natur transportiert auch die „irdische", dunkle Seite der Macht, die untrennbar und wahrscheinlich oft auch unerkannt in die Sehnsucht eingewoben ist. Uns begegnen Herrschaftsträume, Phantasien von nationaler Größe, hierarchisches Denken und Gewalt. Viel Gewalt. Die Psalmen reden von Krieg. Sie hoffen auf die Unterwerfung der Völker. Einer der Anstoß erregendsten Texte dieser Gattung ist Psalm 45.

Fesselnde Träume
Psalm 45

Ein Sänger tritt auf und widmet dem König ein Liebeslied. Er besingt einen strahlenden Helden, der für die Sache der Gerechtigkeit Völker unterwirft. Er ist gesegnet mit Schönheit, militärischem Erfolg und einem großen Harem. Eine Hochzeitsszene nimmt vor unseren Augen Gestalt an: Der hoch gepriesene König steht in Festgewänder gekleidet, von Musik umspielt inmitten seiner Frauen. Ihm zur Seite steht die Hauptfrau, seine Gemahlin. Gemeinsam warten sie darauf, dass dem königlichen Harem eine weitere Königstochter zugeführt wird. Der Sänger spricht die Neue mahnend an. „Höre, Tochter, und sieh und neige dein Ohr: Vergiss dein Volk und dein Elternhaus! Begehrt der König deine Schönheit – er ist dein Herr –, so verneige dich vor ihm!" (45,11 f.). Eine Frau wird aufgefordert, sich der Begehrlichkeit des Königs zu unterwerfen. Eine Kulisse von Reichtum und Pracht wird gezeichnet und Unterwerfung eingeübt.

Der Kontext, in dem dieser Psalm steht, hat mir einen Zugang ermöglicht. Ja, in Auseinandersetzung mit Psalm 45 habe ich die „Unverzichtbarkeit der kanonischen Psalmenauslegung" gelernt. Erich Zenger hat diese Wendung geprägt und damit die Veränderung benannt, die die Auseinandersetzung mit dem biblischen Psalmenbuch in den letzten Jahrzehnten bestimmt.[1] Die einzelnen Psalmen können nicht nur als Kunstwerke für sich betrachtet, sondern müssen im Rahmen des Gesamtbuches gelesen werden. Psalm 45 ist Teil einer Gruppe von Korachliedern. Die Überschrift „für den korachitischen Chor" bindet die Psalmen 42–49 zusammen. Sie werden Musikerinnen und Musikern des Jerusalemer Tempels der nachexilischen Zeit zugeordnet, den so genannten Töchtern und Söhnen Korachs. Die Chronikbücher erzählen von dieser Gruppe, wenn es um Musik, Gesang und um Wachdienste am Jerusalemer Tempel geht. In ihren Liedern werden die Zerstörung Jerusalems und das Exil verarbeitet. Mit den Asafpsalmen prägen sie das 3. Psalmenbuch. Einige ihrer Lieder sind als Eröffnung dem 2. Psalmenbuch vorgeschaltet. Die Rolle, die sie als Einleitung des 2. Psalmenbuches spielen, wird am Ende dieses Kapitels deutlich werden. Zunächst interessiert uns die Komposition der Lieder. Ein kleines Kunstgebilde aus acht Psalmen liegt vor uns. Klagepsalmen bilden den Anfang. In einer individuellen (42/43) und einer kollektiven (44) Klage ist Israels Exilserfahrung Thema. Psalm 44 spricht in einer für den Psalter ungewöhnlichen Konkretheit von der Eroberung Jerusalems durch die babylonischen Truppen:

> Du hast uns verworfen und Schande über uns gebracht,
> du zogst nicht aus mit unseren Heeren.
> Du ließest uns zurückweichen vor denen, die uns bedrängen,
> die uns hassen, plünderten uns aus.
> Du gabst uns hin wie Vieh zum Verzehr,
> unter die Völker hast du uns zerstreut.
> Verkauft hast du dein Volk, ohne reich zu werden,
> nichts hast du durch ihren Kaufpreis verdient (44,10–13).

An eine politische Katastrophe wird erinnert: Die militärische Niederlage, der Raub aller Kunstschätze und Rücklagen des Tempels und Königshauses, die Deportation nach Babylon und der Sklavenmarkt, auf dem Juden und Jüdinnen zu Schleuderpreisen in alle Winde zerstreut wurden. Wie Viehzeug sind Menschen behandelt worden. Sie sind geachtet „wie Schafe für die Schlachtbank" (44,23). Das anstößige Königslied in Psalm 45 erklingt in diesem Kontext. Vernichtung und Plünderung, die Verschleppung der Überlebenden, Erniedrigung und Scham gehören zu dem kollektiven Gedächtnis der Frauen und Männer, die diesen Psalm weitergeben und hören.

Ich assoziiere ausgesessene Sofas in heruntergekommenen Quartieren und Menschen, die in alte Illustrierte vertieft sind. Menschen, die sich selbst als Gespött erleben, schwelgen in alten Bildern königlicher Hochzeitsfeierlichkeiten, aus denen ihnen ein Hauch von Würde entgegenweht. Die Bilder von Reichtum und Macht lösen den Blick von den alltäglichen Problemen und dem allgegenwärtigen Elend. Und ich denke dabei durchaus auch an Frauen, die sich selbst ermächtigen, indem sie in eine Phantasiewelt eintauchen, in der sie reich sind, begehrt, an der Seite eines Königs. Mir kommen die hohen Einschaltquoten in den Sinn, die Fernsehübertragungen von Feierlichkeiten des englischen Königshauses auch in Deutschland erzielen. Ich sehe meine – unter feministischen Gesichtspunkten – höchst fragwürdige Sammlung von Liebesromanen. Alle Jahre wieder, wenn der Alltag nur noch Flucht gebietet, verkrieche ich mich einige Tage in diese Romane und imaginiere mich lesend in eine andere Welt, in der ich mächtig bin, reich, unabhängig, schön und unendlich geliebt. Das Phänomen der Weltbestseller-Trilogie „Shades of Grey" stellt sich zu diesem Psalm. Eine Beziehungsgeschichte wird erzählt. Er ist unermesslich reich, sie ist unermesslich begehrt. Dominanz und Unterwerfung ist ihr Thema. Die Heldin der Trilogie soll dem Mann gehören. Er will ihr Essen, ihre Kleidung, ihr Leben bestimmen. Und das macht Lust – auf jeden Fall wird das Buch millionenfach gelesen. Traumlandschaften sind offenbar nicht in jedem Fall Vorgriffe der Einbildungskraft auf eine bessere Welt, wie es Ernst Bloch behauptet hat.[2] Sie sind ein Produkt der Verhältnisse, unter denen Menschen leben und leiden. Frigga Haug ist dieser Deformation unserer Phantasiewelten nachgegangen und hat die Tagträume verschiedener Frauen analysiert.[3] Sie findet Phantasien, gesättigt von Kitsch und Klischees. Die phantasierten Szenen sind alle auf einen einzigen Höhepunkt hin konstruiert: die Frauen werden begehrt, umsorgt und geliebt. Dabei findet Frigga Haug in den untersuchten Träumen durchaus die widerständige Energie, die Ernst Bloch unseren Tagträumen unterstellt hat. Eine andere Welt wird entworfen. Frauen träumen sich als mächtig, als Schützende, Rettende, die die Handlung im Griff haben. Doch „in aller Umkehrung, Ermächtigung, Inszenierung ihrer selbst als unabhängig, frei, groß, sicher und handlungsmächtig über das Leben anderer verfolgen die träumenden Frauen nichts anderes als die Erfüllung traditioneller *weiblicher Werte*" (169). Auch wenn eine andere Welt ersponnen wird, ist sie doch so gar nicht anders, weil sich der ganze Ehrgeiz auf Liebeserfolg konzentriert. Das ganze Leben ist auf die Beziehung zu einem Mann ausgerichtet. Diese Imagination der gesamten Welt als zweisame Geschlechterbeziehung beschreibt Frigga Haug als einen inneren Zwang. Die Frauen „mochten die Träume nicht und waren ihnen doch verfallen wie einer Sucht" (165). Einander aufzufordern, solches Träumen zu lassen, ist deshalb ähnlich unwirksam, wie die Aufforderung, „das Rauchen aufzugeben, das Trinken zu lassen, sich zusammenzunehmen" (173).

Doch wenn Imperative nicht helfen, was dann? „Was können tagträumende Frauen tun, um ihre widerständige Energie in nachhaltige Veränderung zu verwandeln?“ (172). Frigga Haug erhofft sich die Befreiung der Widerstandskraft aus ihrer Deformation von der gemeinsamen Bearbeitung der Träume. „Die Niederschrift und die gemeinsame Herangehensweise könnten die Bereitschaft bringen, die Träume wirklich zu bearbeiten, statt sich ihnen hinzugeben“ (173).

Unsere eigenen deformierten Träume werfen ein neues Licht auf den Anstoß erregenden Psalm 45. Wir finden Vertrautes. Vertraut ist die Entfremdung. Im Kontext von Gewalt sind auch die Träume einer anderen Welt verseucht von Herrschaft. Wir finden aber auch Außergewöhnliches, nämlich den Mut, die Scham zu überwinden und diese Träume zu überliefern. Die Exilsphantasie vom königlichen Helden und seinem Harem soll gemeinsam gelesen und bearbeitet werden. Die Menschen, die sich in imaginäre Räume flüchten, können und sollen aus ihrer Vereinzelung heraustreten. Der Psalter bietet der Hoffnung auf Befreiung aus unserer Deformation eine Praxis.

Ein Psalm, der zunächst nur Befremden auslöst, deckt auf, wie gefährlich die Abspaltungen sind, die sich bei unserer Bibellektüre eingespielt haben. Getröstet wollen wir werden. Die Liebe lassen wir gelten. Gewaltphantasien und Herrschaftsträume lassen wir liegen – und damit auch die Auseinandersetzung mit Herrschaft. Die Psalmensammlung im Evangelischen Gesangbuch bietet dafür ein Beispiel. All das Fremde, das wir mit Gott nicht in einem Atemzug nennen wollen, wurde weggelassen. Doch unsere deformierte Phantasie werden wir auf diesem Weg nicht los. Wir bleiben damit allein.

Träume einer gewaltfreien Welt
Psalm 46–48

Psalm 45 hat auch unter seinen ersten Hörerinnen und Hörern Empörung ausgelöst. Der Phantasie vom königlichen Helden folgen in den Psalmen 46–48 Träume, die eine andere Welt antizipieren. Eine Welt jenseits von Krieg und Geschlechterhierarchien wird ausgemalt. Diese Gegenwelt wird zu Beginn von Psalm 46 mit der Intervention von Frauen verknüpft. Seine Überschrift lautet: „Für die musikalische Aufführung. Für den korachitischen Chor. Nach der Art junger Frauen. Ein Lied“ (46,1). Die Rhythmusangabe, nach der Art, wie junge Frauen ihre Lieder vortragen, nimmt Bezug auf eine Sitte, die in der biblischen Überlieferung oft bezeugt ist. Frauen haben mit ihren Liedern bei Siegesfeierlichkeiten zu den politischen Verhältnissen öffentlich Stellung bezogen (z. B. 2. Mose 15,20 f.; 1. Samuel 18,6; Psalm 68,26). Mit ihren Auftritten haben sie das politische Geschehen kommentiert – manchmal, wie im Fall Sauls, sehr zum Verdruss der betroffenen Männer. Diese Berichte lassen den Rückschluss zu, dass Frauen auch im Vorfeld und Nachklang der öffentlichen Ereignisse miteinander musiziert und über das politische Tagesgeschehen diskutiert haben. Es gab eine Musiktradition von Frauen. An sie wird zu Beginn von Psalm 46 erinnert. Nun ist dieser Psalm nach Meinung vieler Gelehrter sehr alt. Auffällig sind auch seine Gemeinsamkeiten mit Psalm 48. Beide Psalmen beginnen mit dem Bekenntnis, dass der Zion Gott gehört (46,2–4; 48,2), dann folgt eine Erzählung über die Rettung Zions (46,5–7; 48,3–8), schließlich werden die Völker aufgefordert, in das Bekenntnis Israels einzustimmen (46,9–2; 48,13–15).[4] Die alttestamentlichen Gelehrten führen diese Gemeinsamkeiten auf einen gemeinsamen historischen Entstehungsort zurück. Die Liturgie eines vorexilischen Festes, das dem Schutzgott der Stadt Jerusalem galt, stünde im Hintergrund. Ich verstehe die Notiz in der Überschrift deshalb als Hinweis, dass hier altbekanntes Liedgut verjazzt werden soll. Alte Lieder werden in einen Rhythmus transponiert, der an öffentliche, musikalische Interventionen von Frauen erinnert. Als Kommentar von Frauen zu der königlichen Hochzeit sollen die Psalmen 46–48 gehört werden. An Frauen wird erinnert, die gegen die restaurativ-royalistischen Träumereien, in denen der königliche Harem zu einem Zufluchtsort wird, protestiert haben. Wir können auch vermuten, dass Frauen beteiligt waren, diese Erinnerung zu tradieren. Explizit erwähnt die Chronik, dass in den Chören des nachexilischen Tempels Frauen aktiv gewesen sind (1. Chronik 25,5). Die Psalmen 46–48 lassen den Rückschluss zu, dass diese unter denen, die für den korachitischen Chor des nachexilischen Tempels Texte geschrieben und zusammengestellt haben, einen großen Einfluss hatten.

Wir betreten in diesen Psalmen eine utopische Landschaft, wo Krieg und Geschlechterhierarchien enden. Der König in Jerusalem spielt keine Rolle. Die Regierungsverantwortung liegt beim ganzen Volk. Die Bilder der altorientalischen Königsideologie illustrieren diese Veränderung. Sie gelten dem Kollektiv. Das Bild vom König mit „Völkern unter seinen Füßen“ (45,6) wird auf das Volk übertragen, dem Gott „Völker unter die Füße“ zwang (47,4). Ein Haufen Sklavinnen und Sklaven ist von ihren Aufsehern und Besatzern freigekommen und hat ein Land in eigene Verantwortung bekommen. Mit dieser Gabe eines Lebens in Freiheit hat Gott sich als einzig wahrer König erwiesen. Er ist „König der gesamten Erde“ (47,3). Das Überleben in diesem Land garantieren nicht Schwert und Pfeile des Königs (wie in Psalm 45,4.6). Gott stoppt die Völker, die den Zion befeinden, indem er das Kriegsgerät zerstört. „Er zerbricht den Bogen, zerschlägt den Speer und verbrennt die Streitwagen im Feuer" und setzt so „den Kriegen überall auf der Erde ein Ende" (46,10). Könige der Völker kehren sich am Zion von Gewalt und Heeresmacht ab und lassen sich von der Gottheit Israels belehren. Um diese Verwandlung zu beschreiben, greift Psalm 48 auf spezifisch weibliche Arbeit, die Geburtsarbeit, zurück. Die Könige erfasst „ein Zittern dort, Wehen, wie eine Gebärende" (48,7). Sie werden zu Genossen von Frauen, die mit Schweiß und Blut an neuem Leben arbeiten. Gott initiiert einen Umsturz, bei dem Frauen die Begünstigten sind. Weibliche Subjekte, „Töchter", werden als Nutznießerinnen benannt. Im Blick sind die Städte und Gemeinden rund um Jerusalem. Sie werden als „Töchter Judas" bezeichnet: „Der Zionsberg freut sich, die Töchter Judas jauchzen über das Recht, das du setzt" (48,12). Doch die Bildrede über die Städte setzt Phantasien von feiernden Frauen frei, die über Gottes Gerechtigkeit jubeln.

In diese utopische Landschaft, in der ein Volk in Freiheit überleben kann, werden wird durch die beiden Verben „hören" und „sehen" (hebräisch *schama'* und *ra'ah*) unmittelbar hinein genommen. Wir schauen ein Ende der Gewalt: „Wie wir es *gehört* haben, so haben wir es *gesehen* in der Stadt des EWIGEN der Himmelsmächte, in der Stadt unseres Gottes: Gott gibt ihr für immer Bestand" (48,9). Und wieder klingt eine Erinnerung an Psalm 45 nach. Mit denselben Verben war Frauen Unterwerfung gelehrt worden: „*Höre,* Tochter, und *siehe* und neige dein Ohr: Vergiss dein Volk und dein Elternhaus! Begehrt der König deine Schönheit – er ist dein Herr –, so verneige dich vor ihm!" (Psalm 45,11.12). Keine neuen Imperative treten an die Stelle der geforderten Unterwerfung. Doch wir bekommen eine andere Erzählung zu hören und ein Land zu sehen, in dem Menschen leben können, ohne einander Gewalt anzutun. Die Utopie einer gesellschaftlichen Alternative wird Teil der Gottesschau und erweitert unsere beschränkte Phantasie.

Fundis und Realos

Psalm 49 und 50

Die Arbeit an den Träumen geht in den nächsten Psalmen weiter. Denn die Träume finden keinen Boden. Sie haben keinen Ort in der Welt. Das führt zu Diskussionen, in denen sich fundamentale Gesellschaftskritik und praktisches Engagement reiben. Psalm 49 holt die Träumenden zurück in eine kaputte Welt. In dieser Welt bestimmen Eliten, die „ihren Namen über Ländereien ausrufen" (49,12), das Leben. Die Menschen leiden unter Gewalt und Versklavung. Ihr Schrei „kaufe uns los", mit dem die Lieder des korachitischen Chores begannen (44,27), wartet auf Antwort. Psalm 49 reagiert auf diesen Schrei.[5] Seine zentrale Hoffnungsaussage lautet: „Die Gottheit wird mein Leben loskaufen aus der Gewalt der Unterwelt. Ja, sie nimmt mich auf." Psalm 49 verkündet, dass Gott auf den Schrei nach Loskauf reagiert und sich zuwendet. Und doch sieht er kein befreiendes Eingreifen Gottes diesseits des Todes. Frauen und Männer kommen zu Wort, die keine Aussicht haben, den Umsturz Gottes in ihrer Lebenszeit zu erfahren. Dieser Realismus des 49. Psalms ist keine Resignation. Er beschreibt die Zerrüttung des gesellschaftlichen Gefüges und verkündigt Reichen und Armen diese Zerrüttung als Herrschaft des Todes. Für die Reichen ist diese Botschaft eine Gerichtsrede. Es kommt ein Tag, an dem sie die Macht erkennen, der sie sich verschrieben haben. Sie werden den Tod als ihren Herrn erkennen: „Dies ist der Weg derer, die auf sich selbst hoffen, das Ende derer, die an ihren eigenen Reden Gefallen finden. Wie Schafe traben sie auf die Unterwelt zu, der Tod weidet sie" (49,14.15). Ihr Leben mit all dem Reichtum ist vom Tod gezeichnet und vergeht. Für die Armen ist diese Botschaft ein Vorgeschmack ihrer Befreiung, die sie als Befreiung aus dem Tod erfahren werden. Sie können schon heute frei werden von ihrer Angst vor den Großgrundbesitzern (49,6.17). Denn die Herren des Landes sind Popanze, Marionetten an der Leine des Todes.

Die radikale Kompromisslosigkeit, die die in Arme und Reiche aufgespaltene Welt dem Tod verfallen sieht, provoziert eine Gegenstimme. Ein gewisser Asaf tritt auf. Unter den Musikerinnen und Musikern am Tempel der nachexilischen Zeit spielte er eine besondere Rolle. Die Chronikbücher, die die Gottesdienstordnung dieser Zeit auf David zurückführen, behaupten, Asaf sei von David als Musikdirektor eingesetzt worden (1. Chronik 16,5). Im biblischen Psalter werden ihm zwölf Lieder zugeschrieben. Sie bilden den Hauptteil des 3. Psalmenbuch (Psalm 73–84). Ein einzelner Asafpsalm bildet gemeinsam mit den acht Liedern des korachitischen Chores die Einleitung des 2. Psalmenbuches. „Ein Psalm von/für Asaf" lautet die Überschrift des 50. Psalms. Ich verstehe das Auftreten Asafs an dieser Stelle als Spiegelbild theologischer Diskussionen der nachexilischen Zeit. Fundis und Realos prallen aufeinander. Während die einen behaupten, dass die herrschende Unordnung dem Tod verfallen ist, Gott mit Unrecht keine Kompromisse schließt und Befreiung deshalb nur als Errettung aus dem Tod vorstellbar ist, beginnen die anderen diese Befreiung vom Tod vor dem Tod zu suchen und praktisch zu gestalten. Auch sie träumen von einer ganz anderen Welt. Wie in dem utopischen Land der Korachlieder, tritt

Gott am Zion in Erscheinung. „Vom Zion, der vollkommenen Schönheit, strahlt die Gottheit auf. Unsere Gottheit kommt, sie schweigt nicht“ (50,2 f.). Der Zion, der als „gipfelschön, Entzücken alles Erdreichs“ in Psalm 48 beschrieben wurde (48,3), erscheint in „vollkommener Schönheit“ (50,2).[6] Vor gleicher Kulisse geschieht dann aber ein radikaler Blickwechsel. Die Blickrichtung wechselt vom Globalen zum Lokalen. Nach den großen globalen Themen vom Ende des Krieges und dem Umsturz aller Herrschaft geht es jetzt um das normale Leben. Der Gottesdienst wird unter die Lupe genommen. Ein gefährliches Gottesbild wird kritisiert, das noch bis in unsere Tage wirkt, nämlich die Vorstellung, Gott würde Opfer brauchen. Dann werden den Eliten die einfachen Lebensregeln der Zehn Gebote eingeschärft, nicht zu stehlen, die Ehe nicht zu brechen, nicht Falsches über andere zu reden. Umkehr wird gefordert. Diese Umkehr konkretisiert sich im Dankopfer: „Bringt der Gottheit Dank dar“ (50,14), „Wer Dank darbringt, ehrt mich“ (50,23)! Dankbarkeit löst aus der Starre der Ohnmacht. Dank vollzieht den Blickwechsel, weg von den globalen Strukturen, weg von dem, was alles nicht geht, hin zu den vorhandenen Möglichkeiten. Die Gaben, die da sind, rücken ins Zentrum. Insofern sind durchaus auch Dankopfer im wörtlichen Sinn gemeint, Opfergaben, die gemeinsam gegessen wurden. Die gemeinsame Mahlzeit betritt Neuland. Die Einzelnen, die ihre Gaben teilen, eröffnen eine Gemeinschaft, in der alle leben können und satt werden. Entgegen allen Widrigkeiten suchen die Asaftheologinnen und -theologen konkrete Räume, in denen gesellschaftliche Alternativen erprobt werden können.

Erinnerungsarbeit
Psalm 51

Der Traum einer gesellschaftlichen Alternative ohne Krieg und Gewalt wird dann tatsächlich neu geträumt – und zwar in dem berühmten Psalm 51, der Vergebung erbittet.

Psalm 51
1 Für die musikalische Aufführung. Ein Psalm für David,
2 nachdem der Prophet Natan zu ihm gekommen war, um ihn
wegen Batseba zur Rede zu stellen

3 Sei mir gnädig, Gott, weil du ganz Liebe bist,
weil dein Erbarmen eine Fülle, wisch weg meine Verbrechen.
4 Wasche von mir völlig ab meine Schuld,
und reinige mich von meiner Sünde!

5 Denn ich erkenne meine Verbrechen,
und meine Sünde ist mir immer gegenwärtig.
6 Gegen dich, gegen dich allein habe ich gesündigt
und getan, was böse ist in deinen Augen;
darum: du bist gerecht in deinem Reden,
du bist klar, wenn du Recht sprichst.
7 Siehe, schuldverstrickt wurde ich gekreißt,
und in Sünde verstrickt empfing mich meine Mutter.
8 Siehe, du hast Lust an der Wahrheit im Innern,
und im Verborgenen wirst du mir Weisheit kundtun.
9 Entsündige mich mit Ysop, und ich werde rein sein;
wasche mich, und ich werde weißer sein als Schnee.
10 Lass mich Fröhlichkeit und Freude hören,
dann werden die Gebeine frohlocken, die du zerschlagen hast.
11 Verbirg dein Angesicht vor meinen Sünden,
und wische weg alle meine Schuld!

12 Erschaffe mir, Gott, ein reines Herz,
und erneuere in mir einen entschlossenen Geist!
13 Verwirf mich nicht von deinem Angesicht,
und den Geist deiner Heiligung nimm nicht von mir!
14 Lass die Freude an deinem Befreien zu mir zurückkehren,
und unterstütze mich mit einem Geist der Hingabe!
15 Ich will Verbrechern deine Wege lehren,
dass Sündige zu dir umkehren.
16 Errette mich vor den Folgen von Blutschuld, Gott,
du Gott meiner Befreiung,
so wird meine Zunge deine Bewährung preisen.
17 Mein Herr, öffne meine Lippen,
dass mein Mund dein Lob verkünde.
18 Denn du hast keine Lust am Schlachtopfer,
ich würde sie dir geben.
Ein Brandopfer gefällt dir nicht.
19 Die Schlachtmahle für Gott sind ein zerbrochener Geist;
ein zerbrochenes und zerschlagenes Herz,
Gott, wirst du nicht verachten.

20 Tue Zion Gutes in deiner Freundlichkeit,
baue die Mauern Jerusalems auf!
21 Dann wirst du Lust haben an Schlachtopfern der Gerechtigkeit,
an den Brandopfern, den Ganzopfern.
Dann werden sie Stiere opfern auf deinem Altar.

Das Gebet um Vergebung wird am Ende zur Vision: „Tue Zion Gutes, baue die Mauern Jerusalems auf! Dann wirst du Lust haben an Schlachtopfern der Gerechtigkeit, an den Brandopfern, den Ganzopfern. Dann werden sie Stiere opfern auf deinem Altar" (Psalm 51,20.21). In den Herzen und Köpfen der Menschen ersteht der Traum von Jerusalem als Stadt der Gerechtigkeit. Eine neue Zeit wird denkbar, in der die Logik des Krieges und die Logik des Marktes ihre Macht verloren haben. An den Spenden und Opfern wird man diese Befreiung erkennen. Opfer sind wieder möglich, weil sie nicht mehr nötig sind. Der gesamte Psalm geht davon aus, dass die Opferpraxis am Jerusalemer Tempel sich in einer Sackgasse befindet. Die Logik von Krieg und Markt hat den Gottesdienst zerstört (vgl. 50,8–13).[7] Denn sie fordert Opfer. Der Preis für militärische und ökonomische Expansion sind Menschen, die auf der Strecke bleiben. Wir leben mit dieser Logik noch heute und allzu oft wird Gott ein Teil davon. Psalm 51 erträumt eine andere Zeit, in der Gott Teil ist einer Gemeinschaft, in der nicht mehr die einen auf Kosten der anderen leben. Opfer sind dann wieder möglich, weil sie ein Ausdruck der Freude sind.

Die wenigsten von uns kommen beim Beten von Psalm 51 auf die Idee, dass die Vergebung, die wir für uns erbitten, etwas mit der Wiederherstellung des Lebens in Jerusalem zu tun hat. Der Grund liegt auf der Hand. Die Verse fehlen uns. Die Fassung für den liturgischen Gebrauch im Evangelischen Gesangbuch ist gekürzt. Jeder Bezug zur Gemeinschaft ist verschwunden. Am Anfang fehlen die Davidzuschreibung und die Erinnerung an die Batsebageschichte, mit der Psalm 51 beginnt. Es fehlt der Vers über die Generationen übergreifende Schuldverstrickung (51,7). Das Versprechen, die eigenen Erfahrungen weiterzugeben und andere zu unterweisen (51,15), wurde rausgekürzt. Auch die Bitte um die Erneuerung Jerusalems und der gesamten Gesellschaft am Ende gehört nicht mehr dazu. Ein „Ich" und sein Gott sind übrig geblieben. Vergebung spielt sich zwischen Gott und den Einzelnen ab. Das ganze Problem unseres Umgangs mit der Bibel, der sich allem Fremden verweigert, wird sichtbar. Wir wollen von Gott Trost und Geborgenheit. Wir wollen geliebt werden, wie wir sind, und angenommen werden trotz unserer Schuld. Und dabei nährt die Religion, die wir uns aus Versatzstücken der biblischen Überlieferung zusammenbasteln, unsere Vereinzelung. Vergebung wird ein Privatgeschäft mit Gott, in dem ich von meinen Verfehlungen an Mensch und Kreatur freikomme. Unrecht wird nicht verändert, sondern vergeben. Die Suche nach Vergebung wird ein weiterer Schritt auf dem Weg unserer Selbstoptimierung. Als Individuen sind wir für den eigenen Weg zu einem gelingenden Leben selbst verantwortlich. Und genauso wie ich zusehen muss, erfolgreich und glücklich zu sein, muss ich einen Weg finden, wie ich meine Schuld loswerde. Das Wort der Vergebung wird von den Heilsverheißungen unserer Gegenwart kassiert. Unabhängig von Mitmenschen und gesellschaftlichen Umständen, soll es dazu beitragen, dass Einzelne für sich Frieden finden und ihr Leben gelingt.

Doch das Bekenntnis von Schuld und die Bitte um Vergebung sind kraftlos, wenn die Beziehung Gott-Mensch als Zweierbeziehung gedacht wird. Denn Schuld ist immer auch ein gemeinschaftliches Problem. Psalm 51 lässt jede und jeden von den eigenen Vergehen sprechen und nach Vergebung suchen. Die Bitte „wische weg meine Verbrechen" (51,3), „wische weg alle meine Schuld" (51,11) rahmt den ersten Teil (51,3–11). Und doch ist Sünde hier mehr als die Vergehen der Einzelnen. Die Erfahrung, dass Fehler der Vorfahren Kinder und Kindeskinder im Griff haben, wird in dem berühmtberüchtigten Satz angesprochen: „Schuldverstrickt wurde ich gekreißt, in Sünde verstrickt empfing mich meine Mutter" (51,7). Diese Worte hat die Kirche als Lehre von der Erbsünde gedeutet. Sexualität wurde verteufelt. Doch die Behauptung, Sünde würde durch die sexuelle Vereinigung von Eltern auf Kinder vererbt, ist ein frauenfeindlicher Missbrauch. Der Psalm formuliert, was unter uns durch Befreiungstheologie und Frauenbewegung neu zu Bewusstsein gekommen ist: dass Sünde in Strukturen auf uns kommt, in Besitzverteilung, Bildungschancen, Rollenbildern, gesellschaftlichen Hierarchien. Gewalt, die zum Alltag gehört, deformiert unser Denken, Fühlen und Handeln. Die Einzelnen sind Teil eines Schuldzusammenhangs, den sie nicht selbst verursacht haben. Sie sind hineingeboren in eine Situation, die von den Fehlentscheidungen Vorangegangener geprägt ist. Wer mit eigenen Fehlern beschäftigt ist, weiß darum und ist immer auch in Gefahr, sich mit dem eigenen Gewordensein zu entschuldigen. In dieser Gefahr wird das Besondere der biblischen Rede sichtbar. Beides steht nebeneinander: die Einsicht, dass Verfehlungen unser Leben von Geburt an prägen, und das Bekenntnis „An dir, dir allein habe ich gesündigt" (51,6), dem das eigene Fehlverhalten in all seinem Ernst vor Augen steht. Als Beterin des Psalms spreche ich Gott als den Geschädigten an, wo ich Menschen und Umwelt beschädigt habe. Mit meinem Tun habe ich die Einheit alles Lebendigen beschädigt. Ich habe Gott gedemütigt und zerteilt. Und zugleich weiß ich, dass Sünde ein Gewaltzusammenhang ist, in dem ich mich vorfinde. Beides gilt: Sünde bestimmt schon immer unser Leben, und doch ist sie nicht unser Schicksal. Sünde ist immer auch Tat. Beziehungslosigkeit zu uns, unseren Mitmenschen, Mitkreaturen und Gott gewinnt durch unser Tun in unseren Lebensbezügen Realität. Sünde lebt in unserem Tun auch dort, wo wir die Zerrüttung der Lebensbezüge nicht verursacht haben.

Die Generationen übergreifenden Schuldzusammenhänge führen die Dichterinnen und Dichter zur Mutter. Das ist sehr ungewöhnlich! Israels Exilsliteratur nennt in der Regel die Väter, wenn über Schuldfolgen nachgedacht wird, die das Leben aller kommenden Generationen beschädigen. So formulieren zum Beispiel die Klagelieder: „Unsere Väter haben gesündigt, sie sind nicht mehr. Wir aber tragen ihre Schuld“ (5,7). Laut Ezechiel gibt es im Land Israel das Sprichwort: „Die Väter essen unreife Trauben, und den Kindern werden die Zähne stumpf“ (Ezechiel 18,2). Die Schuld der Väter ist im Rückblick auf Israels Zeit im Land offensichtlich. Der König war Oberhaupt einer gesellschaftlichen Ordnung, in der die politische und religiöse Verantwortung im Wesentlichen von Männern wahrgenommen wurde, von Priestern, Beamten, Männern als Häupter von Vaterhäusern, Männern im Ältestenrat einzelner Ortschaften. Mütter agieren in diesem Gefüge in der Position gesellschaftlicher Ohnmacht. Die Gründe der Dichterinnen und Dichter, angesichts der Dominanz der Väter nach der Schuld von Müttern zu fragen, erschließt sich mir im Kontext der Frauenbewegung. Die Frauenbewegung des 20. Jahrhunderts hat im Ringen um das Subjektwerden von Frauen in Situationen gesellschaftlicher Ohnmacht von der Mittäterschaft von Frauen gesprochen. Die Einsicht, dass Ohnmacht nicht per se unschuldig ist, eröffnet dem Widerstand gegen Unterdrückung neue Perspektiven.

Für mich ist die Beteiligung meiner Großmutter am Nationalsozialismus ein Beispiel. Sie war eine starke Frau. Sie war für fünf Kinder verantwortlich, die sie während des Krieges, auf der Flucht und in der Nachkriegszeit durchbringen musste. Zu ihr gehören Erzählungen, dass sie ein offenes Haus hatte und jeden, der an ihre Tür kam, beköstigte. Doch trotz ihrer Stärke war es ihr Lebensideal, ihren Mann zu unterstützen. Schuldgefühle, die mit dem frühen Tod ihrer Mutter verbunden waren, spielten dabei eine Rolle. Noch auf dem Sterbebett hatte meine Urgroßmutter die Tochter für Vater, Bruder, Haushalt und in gewisser Weise sogar für die Genesung der eigenen Mutter verantwortlich gemacht und der Tochter eingeschärft, sie „sollte recht lieb und gut sein, Muttle wäre sonst traurig und die Heilung dauerte viel länger“ (Ingeburg Schäfer, Die Truhe, 135). Das Gefühl, der eigene Freiheitsdrang könnte am Tod der Mutter schuld gewesen sein, hat die Unterordnung der eigenen Interessen erst unter die des Vaters, dann unter die des Ehemannes bestärkt. Es gab eine Zeit, da wollte meine Großmutter Lehrerin werden. Ihr Vater hielt jedoch eine teure Ausbildung für überflüssig, weil sie ja doch heiraten würde. Sie hat sich gefügt. Statt sich zur Lehrerin ausbilden zu lassen, ist sie in die NSDAP eingetreten. Ihre Geschichte ist ein Beispiel für die Mittäterschaft von Frauen im Nationalsozialismus. Aus erzwungenem Verzicht wird ein weibliches Lebensideal. Geforderte Unterordnung wird überhöht als Unterstützung des Mannes respektive des Führers. Ohne diese freiwillige, mit erotischen Gefühlen besetzte Unterwerfung von Frauen hätte sich der Faschismus nicht durchsetzen können. Die nachhaltige Wirkung dieser Schuld hat die Frauenbewegung aufgespürt – z. B. in der Arbeit an Tagträumen, die nicht die Gestaltung von Welt und Lebenszusammenhängen erspinnen, sondern Gesehen- und Geliebtwerden von einem Mann imaginieren. Und sicher ist es kein Zufall, dass nach den Psalmen 42–50, in denen es um die Befreiung unserer deformierten Träume geht, die Dichterinnen des 51. Psalms ein Gespräch mit ihren Müttern beginnen.

So wie Schuld immer auch ein gemeinschaftliches Phänomen ist, so auch die Vergebung. Psalm 51 sieht in den Einzelnen den Ort, wo die ungelösten Probleme der Vorfahren noch einmal auf die Tagesordnung kommen und gelöst werden können. Er erhofft eine Neuschöpfung, die unser Fühlen, Entscheiden und Handeln aus ihrer Deformation befreit. Diese Hoffnung auf die Erneuerung von „Herz" und „Geist" rahmt den 2. Teil des Psalms (51,12–19). Gottes schöpferische Intervention, die die Exilsprophetie versprochen hat (Ezechiel 36,26; 19,11), wird erbeten. Diese Intervention bedeutet: Die hier beten, wollen in einem beschädigten Beziehungsgeflecht handlungsfähig werden. Sie wollen „Verbrechern deine Wege lehren, dass Sündige zu dir umkehren" (51,15). Die Schuldzusammenhänge, in denen wir uns vorfinden, werden nicht weggewischt, sondern dadurch aufgebrochen, dass wir darin handlungsfähig werden. Vergebung ist in Psalm 51 eine Tat Gottes zur Heilung der Welt.

Mit der Einsicht, dass wir auch bei völliger Ohnmacht angesichts globaler Unrechtsstrukturen in Gottes Augen schuldfähig sind und in unserer Ohnmacht handlungsfähig werden können, wächst utopische Einbildungskraft. Wir sind nicht Rädchen in einem Getriebe. Unser Tun kann die Tür der neuen Welt Gottes einen Spaltbreit öffnen. Psalm 51 sieht einen langwierigen Prozess der Erneuerung vor sich, den Unterricht in der Regel bedeutet. Einzelne werden Vorbild und Lehrerin. Eine Veränderung beginnt, die das gesamte gesellschaftliche Leben erfasst, bis der Traum der anderen Welt wahr geworden ist.

Die Erneuerung der Gemeinschaft wird am Ende von Psalm 51 vorstellbar, weil sie im Verlauf des Gebetes beginnt. Das Wort der Vergebung, das wir erbitten und hören, ist immer schon Teil eines Weges, den Gott in dieser Welt bereits begonnen hat. Wir werden von unseren Müttern und Vätern im Glauben auf diesen Weg mitgenommen. Wir bekommen Worte, mit denen wir Vergebung und Erneuerung erbitten, und wir beginnen einen Weg der Erneuerung. Wir schlüpfen, wenn wir diesen Psalm lesen, in Davids Schuhe und beginnen einen Weg der Umkehr. In Psalm 51 beginnen die Davidpsalmen des 2. Psalmenbuches. Seine Überschrift lautet: „Für die musikalische Aufführung. Ein Psalm für David, nachdem der Prophet Natan zu ihm gekommen war, um ihn wegen Batseba zur Rede zu stellen" (Psalm 51,1.2). David wird von dem Propheten Natan als Dieb und Ehebrecher angeklagt. Der Vorwurf aus Psalm 50, dass Diebstahl und Ehebruch als Gentlemendelikte gesellschaftlich akzeptiert sind, wird konkret. Wie „Zwillingspsalmen" stehen die beiden Psalmen 50 und 51 nebeneinander.[8] Durch eine Vielzahl sprachlicher Bezüge sind sie verknüpft. Psalm 51 liest sich wie die Reaktion auf die Gerichtsreden in Psalm 50: In Reaktion auf Gottes Gerichtsreden verkleiden wir uns als David und machen uns gemeinsam auf den Weg der Umkehr.

Von der Kraft solcher Verkleidung erzählt ein Jugendbuch von Terence Blacker mit dem Titel „boy2girl". Sam Lopez kommt nach dem Tod seiner Mutter aus Amerika nach England und muss in der Familie seiner Tante leben. Um in der Clique seines Cousins Aufnahme finden zu können, soll er eine Woche als Mädchen verkleidet an der neuen Schule durchstehen und die Mädchenclique, mit der die Jungen verfeindet sind, ausspionieren. Erstaunliche Veränderungen begleiten diese Verkleidung. Sam findet Ausdrucksformen für seine Trauer und wird „netter, leichter ansprechbar, menschlicher" (131). Die Mädchen werden eine „total wilde Truppe, knallhart, obercool" (110). Wo Trauer, Wut und unüberbrückbare Verständigungsschwierigkeiten in eine Sackgasse gelaufen sind, fördert die Verkleidung das Veränderungspotential der verfahrenen Situation zu Tage.

Beim Lesen von Psalm 51 geschieht Ähnliches. Auch die Batsebageschichte markiert eine völlig verfahrene Situation. Israel steht an einem Wendepunkt. Israels nationale Einigung beginnt, in Niedergang und Spaltung zu zerbröckeln.[9] Der Psalm 51 hakt sich an diesem Punkt ein und zeigt einen Weg raus aus der Sackgasse. Frauen und Männer, denen die Ohnmacht der Mütter näher ist als die Macht der Väter, verkleiden sich als die Regentinnen und Regenten des Landes. Sie schreiben die Perspektive der Geschädigten in die Davidgeschichte ein. Sie wissen, dass nach dem Wort der Vergebung in Davids Fall die Übergriffe auf Frauen weitergingen. Davids Tochter Tamar wurde vergewaltigt und David hat dazu geschwiegen. Menschen, die Davids Verhalten nicht akzeptieren wollen, schlüpfen in Davids Schuhe. Sie versprechen: „Ich will Verbrechern deine Wege lehren, dass Sündige zu dir umkehren“ (51,15), und bitten: „Öffne meinen Lippen“ (51,17). Sie fördern das Veränderungspotential an einem Wendepunkt der Geschichte Israels zu Tage.

Die Davidpsalmen inszenieren eine Verkleidungsaktion girl2boy. Die Texte werden einem Männernamen zugeordnet – wie in dem gesamten Psalmenbuch. Der Psalter nennt in seinen Überschriften keine Frau. Zugleich werden wir in der Hebräischen Bibel geschult, im Psalter Dichterinnen und ihre Texte zu vermuten und Beterinnen als Mütter und Schwestern unseres Glaubens zu hören. Denn Tora und Prophetenbücher nennen vorwiegend Frauen, wo Psalmen gebetet werden (z. B. 2. Mose 15,1–21; Richter 5; 1. Samuel 2,1–10; Lukas 1,46–55). Mirjam, Debora, Hanna und Maria werden Psalmen in den Mund gelegt. Diese Häufung von Psalmen im Mund von Frauen ist umso auffälliger, als Frauen in den biblischen Texten in der Regel wenig Worte bekommen. Frauen hatten offenbar einen Ruf als Musikerinnen. Wie populär und einflussreich ihre Lieder waren, ist ein Thema im 1. Samuelbuch. Das Lied „Saul hat Tausende erschlagen, David aber Zehntausende“, mit dem musizierende Frauen dem König Saul entgegenziehen und ihn verärgern (1. Samuel 18,6 f.), wird im Verlauf der Erzählung noch zwei Mal von Philistern zitiert. Sie machen sich mit Hilfe dieses Liedes ein Bild von David und seiner politischen Bedeutung (1. Samuel 21,12; 29,5). Die Erzählung geht ganz selbstverständlich davon aus, dass das Frauenlied über die Grenzen Israels hinaus bekannt geworden ist. Diese Popularität von Frauenliedern und die Namen der Frauen, die Psalmen dichten, sind der literarische Kontext des Psalmenbuches, der mitspricht, wenn wir Psalmen lesen. Frauen stellen sich ein, auch wo Überschriften an Männernamen erinnern. Psalm 131 bietet hierfür ein Beispiel. Eine Frau beschreibt ihre Gottesgeborgenheit mit Hilfe ihrer Erfahrung als Mutter: „Wie ein Entwöhntes an seiner Mutter, wie ein Entwöhntes an mir ist meine Seele“ (131,3). Die Überschrift „Ein Wallfahrtslied für David“ sieht den neuen David in der Gestalt einer Frau.

Die Psalmen 42–50 deuten die Davidfigur des Psalters als das Ergebnis solcher Verkleidung. Diese neun Psalmen eröffnen das 2. Psalmenbuch. Sie bilden die Einleitung des so genannten 2. Davidpsalters, der

Psalmen 51 bis 72. Sie sind eine Lesehilfe für die Davidpsalmen. Sie stellen den Davidpsalmen den Protest von Frauen voran, die gegen das alte Herrschaftssystem mit einem König voller Pracht und Potenz im Zentrum aufbegehren, das als Fluchtpunkt aus Demütigungen auch nach der Königszeit lebendig bleibt. Sie erträumen eine alternative Ordnung jenseits von Krieg und Unterdrückung. Und sie suchen und diskutieren eine Praxis, die die Utopie einer gewaltfreien Welt konkret werden lässt. Die Psalmen 42–50 führen mit dieser Auseinandersetzung in die Davidpsalmen ein. Diese Einführung präsentiert die Davidpsalmen als das Ergebnis der kritischen Aufarbeitung der eigenen Königsgeschichte. Die Davidpsalmen sollen als Erinnerungsarbeit verstanden werden. Die nostalgische Sehnsucht nach dem königlichen Helden, der eine Tochter begehrt (Psalm 45), wird zur kritischen Auseinandersetzung mit einem König, der auf dem Höhepunkt seiner Macht die Tochter Sebas (Bat-Seba) nimmt. Als Auseinandersetzung mit unserer deformierten Phantasie sollen die Davidpsalmen gelesen werden. Sie schulen unseren Weg der Umkehr und die Hoffnung auf die Erneuerung der Gesellschaft, indem sie Erinnerungsbilder bearbeiten und verändern. Alles weitere Beten mit David im 2. Psalmenbuch hat dieses Vorzeichen. Im 2. Psalmenbuch wird die Anfangszeit Davids lebendig, als David für Arme und Reiche ein Hoffnungsträger war, von dem die Befreiung Israels erwartet wurde. An Szenen, in denen diese Hoffnung auf Messers Schneide stand, wird erinnert: „Als Doeg, der Edomiter, kam und dem Saul verriet: David ist in das Haus Ahimelechs gekommen" (Psalm 52,2); „Als die Sifiter kamen und zu Saul sprachen: Weißt du nicht, dass David sich bei uns verborgen hält" (Psalm 54,1); „Als die Philister David in Gat ergriffen" (Psalm 56,1). In Anfechtung und Gefährdung sollen wir wie Rebellenführerinnen und -führer der Anfangszeit uns auf den Weg machen, eine Gesellschaft zu bauen, die erst noch entstehen muss. Unsere Rebellion schließt den Widerstand gegen das gescheiterte patriarchale, monarchische Herrschaftssystem mit seinen Omnipotenzphantasien ein.

Erprobung

Das Zentrum für biblische Spiritualität und gesellschaftliche Verantwortung an der Woltersburger Mühle, in dem ich arbeite, liegt mitten in einem Arbeitslosenprojekt. Deshalb verknüpft sich in meinem Alltag die Verkleidungsaktion, zu der die Davidpsalmen herausfordern, mit jungen arbeitslosen Menschen. Sie sind an der Schule oder am Arbeitsmarkt gescheitert und arbeiten in Werkstätten auf dem Gelände. Dort werden sie auf eine Ausbildung oder Arbeit vorbereitet. Die Auseinandersetzung mit ihnen bestimmt unseren Alltag – auch wenn wir vom Zentrum für biblische Spiritualität und gesellschaftliche Verantwortung nicht beruflich mit ihnen zu tun haben. Ich bin zum Beispiel für die pädagogische Arbeit mit den Pferden auf dem Gelände zuständig. Die Arbeit mit den Pferden ist Teil eines Bewegungskonzeptes, das Körperwahrnehmung und Beweglichkeit der arbeitslosen Mädchen und Jungen fördern will. Die Agentur für Arbeit, die die Jugendlichen für das Projekt auswählt, sieht die Arbeit mit den Pferden mit einer gewissen Skepsis. Die Idee, „etwas mit Tieren zu machen", würde sowieso in den Köpfen vieler junger Leute spuken, gerade bei den Mädchen. Die Pferde könnten eine verträumte, weltfremde Lebenshaltung fördern.

Der Einwand der Agentur für Arbeit gegenüber der Arbeit mit den Pferden im Rahmen eines Arbeitslosenprojektes benennt einen Gesichtspunkt, der nicht von der Hand zu weisen ist. Pferde gehören in die Welt der Träume. Sie verkörpern Schönheit, Anmut, Stärke und Freiheit. Ein Flair von Wohlstand und Pracht umwittert sie. Gefühle von Treue und Kameradschaft sind mit ihnen verbunden. Die jungen Leute gehören in eine andere Welt. Je näher ich sie kennen lerne, desto schwieriger sind allgemeine Aussagen, doch das eine trifft in der Regel alle: sie sind nicht schön – zumindest nicht für den Blick, den die Werbeindustrie geschult hat. Ihr Scheitern spricht aus ihrem Körper. Viele sind übergewichtig, andere in sich verkrümmt, dritte voller Pickel. Man sieht ihnen aus der Ferne an, dass sie zu den Verliererinnen und Verlierern unserer Gesellschaft gehören. Manchmal geschieht eine Verwandlung, wenn sie mit den Pferden umgehen. Ein in sich zusammengesunkenes Mädchen, dessen Gesicht ich bis dato nicht sehen konnte oder nicht wahrgenommen habe, verwandelt sich auf dem Pferd in eine strahlende junge Frau. Sie wird eine andere. Das gehört zu meinen ersten Erfahrungen bei dieser Arbeit. Völlig angstfrei setzt sie sich auf Olymp, einen vierjährigen Lewitzer, und wedelt mit den Zügeln, wie die Helden in einem schlechten Western. Es macht großen Spaß – ihr und allen, die ihr zusehen. Mehrere Monate nach dieser ersten Erfahrung kommt es zu einer Krise. Nach dem Versuch, ohne Führleine allein auf dem Paddock zu reiten, stellt sie weinend fest, dass das Pferd nicht macht, was sie will. Das heißt für sie: dass er sie nicht liebt. Einzigartige Kameradschaft mit einem Pferd aufzubauen, ist ein langer Weg und Reiten entpuppt sich als nicht so einfach, wie es die Filme vermuten lassen. Außerdem ist unterdessen ein anderes Mädchen in dem Projekt aufgetaucht, das Reiterfahrungen hat und mit Olymp zurecht kommt. Die Realität hat sie eingeholt. Das Pferd gehört ihr nicht und wird ihr nie gehören. Und der freie Galopp in der Prärie bleibt eine Traumphantasie. Und doch sorgt Olymp dafür, dass der Traum von Freiheit, Schönheit und Wohlstand nicht einfach nur in einsame Tagträume abgespalten wird. Das Pferd ist noch da. Olymp braucht Pflege, der Umgang mit ihm erfordert Konzentration und ermöglicht hin und wieder traumhafte Erfahrungen – wie es sich anfühlt, getragen zu werden, und die Kraft zu spüren, die entsteht, wenn ich mich der fremden Bewegung anvertrauen kann. Und es ist bestimmt kein Zufall, dass das erste theologische Gespräch, dass ich mit dem Mädchen (sie ist übrigens 21 Jahre alt) hatte, um Vergebung ging. Nach einem Streit mit ihrem Freund war sie ganz gebrochen. Er wusste nicht, ob er ihr würde vergeben können, und – schlimmer – sie wusste nicht, ob sie es wert sei, dass ihr vergeben würde. Ich konnte ihr erzählen, dass Vergebung bedeutet, die Frau in ihr zu sehen, die sie auch ist und werden kann. Wenn sie mit Olymp zusammen ist, bekomme ich dieses andere Mädchen zu sehen, das sie auch ist. Ihr Kraftpotential wird immer wieder in ganz unterschiedlichen Situationen sichtbar. Bei dem Versuch, das widerwillige Pferd an der Longe zu arbeiten, oder bei einem Ausflug bei eiskaltem Wetter, als sie ohne Rücksicht auf die eigenen nassen Füße das ängstliche Pferd durch einen Fluss führt. Ihre Beharrlichkeit kommt zu Tage, wenn sie immer wieder ohne Führleine das Reiten auf dem Paddock übt. Und ihre große Schönheit.

1 Erich Zenger, Die Provokation des 149. Psalms. Von der Unverzichtbarkeit der kanonischen Psalmenauslegung, in: Rainer Kessler u. a. (Hg.), „Ihr Völker alle, klatscht in die Hände!" FS für Erhard S. Gerstenberger, Münster 1997, 181–194.

2 Ernst Bloch, Das Prinzip Hoffnung, Frankfurt am Main 1959, 86 ff.

3 Frigga Haug, Erinnerungsarbeit, Hamburg 1990, 151–174.

4 Zu den strukturellen und semantischen Gemeinsamkeiten siehe Frank-Lothar Hossfeld / Erich Zenger, Die Psalmen I. Psalm 1–50 (NEB 29), Würzburg 1993, 284.

5 Erich Zenger, Zur redaktionsgeschichtlichen Bedeutung der Korachpsalmen, in: Klaus Seybold / Erich Zenger (Hg.), Neue Wege der Psalmenforschung (HBS 1), Freiburg [Br.] u. a. 1994, 175–198.

6 Das hebräische Wort *jafah/jafeh/jafi* (schön sein/schön/Schönheit) kommt im Psalter nur in dieser Einleitung des 2. Psalmenbuches vor (45,3.12; 48,3; 50,2) und verknüpft den Asafpsalm mit den vorangehenden Korachpsalmen.

7 Die Gottesdienstkritik, die die Opferpraxis kritisiert, aber nicht grundsätzlich verwirft, ist ein Beispiel für den engen Zusammenhang der Psalmen 50 und 51, Frank-Lothar Hossfeld / Erich Zenger, Die Psalmen I. Psalm 1–50 (NEB 29), Würzburg 1993, 310.

8 Erich Zenger, Die Nacht wird leuchten wie der Tag, Psalmenauslegungen, Freiburg [Br.] 1997, 414.

9 Klara Butting, Gerard Minnaard, Rainer Kessler, 2. Samuel. Die Bibel erzählt 5, Wittingen 2009.

5. Was auf dem Spiel steht
Psalm 89

Das 3. Psalmenbuch (Psalm 73–89) führt an einen Tiefpunkt der Geschichte Israels. Der Untergang des Nordreichs 722 v. Chr. ist Thema (Psalm 78), ebenso die Zerstörung des Tempels und der Stadt Jerusalem (Psalm 74; 79; 89). Zwar wird auch der Traum von Friede weitergesponnen, aber die Friedensverheißung wird von einer Realität erdrückt, die auch die Hoffnung zu vernichten droht. Am Ende des 3. Buches dominiert die Finsternis. In Psalm 88 gibt es die für Klagepsalmen so typische Wende von der Klage hin zu Vertrauen nicht mehr. Der Psalm endet mit den Worten „Meine Bekannte ist die Finsternis". Psalm 89 stellt zum Abschluss der Sammlung diese individuelle Verzweiflung in einen gesellschaftlichen Kontext und fasst das Thema des 3. Buches zusammen.[1]

Trauer um David

Psalm 89 beschreibt im Rückblick auf die gescheiterte Daviddynastie die Bedeutung Davids. Er trauert um David. Der christliche Glaube, für den David – trotz der Davidsohnschaft Jesu – in der Regel keine Rolle spielt, kann hier in die Lehre gehen. Trauer um David ist unserem Glauben fremd. Nur einmal habe ich in den vergangenen Jahren in meinem Kontext so etwas wie Trauer um David erlebt, als das Geo-Heft „Das Heilige Land" erschienen war. Eine Freundin schrieb mir: „Ich dachte bisher, bereits etwas über historisch-kritische Forschung gehört zu haben, aber diese vermeintlich neuen archäologischen Funde setzen dem ja noch die Krone auf. Es wird infrage gestellt, dass es die sog. Erzväter wirklich gegeben hat, die Flucht aus Ägypten unter Mose wird angezweifelt. Die vermeintlich mächtigen Herrscher mit großen Reichen, David und Salomo, scheinen eher kleinen (Stadt-)Fürstentümern vorgestanden zu haben. Nicht Flüchtlinge aus Ägypten, sondern Nomaden in Palästina hätten die israelitische Nation gegründet und letztlich eine große Sammlung von Legenden geschaffen. Wenn sie recht haben, ist es doch ziemlich absurd, sich zum Bibellesen zu treffen." Sie trauerte um die historische Echtheit von biblischen Figuren und Geschichten. Im Hintergrund nehme ich die Sprachlosigkeit wahr, die in der evangelischen Kirche herrscht, wenn es um die Geltung der Bibel geht. Zwei Fundamentalismen beanspruchen Wahrheit. Der eine sagt, die biblischen Texte sind wahr, sofern ihre historische Echtheit erwiesen ist. Der andere sagt, die biblischen Texte sind wahr, weil sie aus einem direkten Gotteskontakt ihrer Autorinnen und Autoren hervorgegangen sind. In beiden Fällen wird der Bibel mit einem Wahrheitsbegriff Geltung verschafft, der ihr fremd ist. Und wer auf beiden Wegen nicht mitgehen will, findet kaum Worte für die Wahrheit der Bibel.

Die Schrift erzählt die Geschichte von dem Hirtenjungen David, der an den Hof Sauls kommt.[2] Dort wird David selbst für Männer und Frauen aus der Familie Sauls ein Hoffnungsträger, von dem sie ein befreites und geeintes Israel erwarten. Tatsächlich kann David sich im Kampf gegen die Philister, im Streit zwischen den Stämmen und zwischen Entrechteten und Großgrundbesitzern und -besitzerinnen durchsetzen, und für kurze Zeit entsteht aus Norden und Süden ein Staat mit einem gemeinsamen Zentrum in Jerusalem. Diese Person David ist eher *persona,* im Sinne der lateinischen Grundbedeutung des Wortes (Maske eines Schauspielers), als dass sie Auskunft geben würde über einen einzelnen Mann und seinen Wesenskern. Ein krasses Beispiel gibt der Kampf gegen Goliath, der im 1. Samuelbuch zu den großen Taten Davids aus seiner Aufbruchszeit zählt. Er hat David zu einem Hoffnungsträger gemacht. Doch am Ende des 2. Samuelbuches wird festgehalten, dass ein anderer diesen Kampf gekämpft hat. Wir hören von einem gewissen Elchanan aus Bethlehem, der „den Goliath aus Gat erschlug, dessen Speer einen Schaft wie ein Weberbaum hatte" (2. Samuel 21,19). Die Frage „Wer war David wirklich?" leitet nicht die Arbeit der Erzählerinnen und Erzähler. Diese Frage individualisiert die Herausforderung, vor die uns die Davidfigur stellt: dass das Volk Israel in einem eigenen Land in Frieden leben kann und es mit Gerechtigkeit auf dieser Erde etwas wird!

Vielleicht ist David nicht mehr gewesen als ein kleiner Stadtkönig in Jerusalem, trotzdem malen die Samuelbücher mit ihren Geschichten von David kein Trugbild. Denn die politische Erfahrung vieler Frauen und Männer ist darin verarbeitet. Die Auseinandersetzungen über gelungene und misslungene Kämpfe haben David seine Gestalt gegeben. Die Trauer um Davids Königreich wird dadurch nur größer. Denn die Hoffnungen vieler sind gefährdet. Deshalb geht dieser Psalm 89 mir so nahe. Er eröffnet einen Raum für Erinnerungen und Gefühle, die es schwer haben, einen Ort zu finden: die Erinnerung an Nelson Mandela und der Schmerz über die hohe Kriminalität und Gewalt in Südafrika;

das Ringen um eine Erinnerung an die DDR-Geschichte, die nicht nostalgisch die Vergangenheit schönredet und nicht zynisch alles sozialistische Engagement zum Scheitern verurteilt. Stimmen wie die von Giselher Hickel klingen bei der Lektüre von Psalm 89 mit: „Für mich bleibt die DDR weniger eine erinnernd aufzubewahrende Realität als vielmehr eine uneingelöste Hoffnung. … Ich glaube nicht, dass das, was heute unabänderlich scheint, ohne Alternative ist. Es gab schon einmal andere Lösungen, z. B. im Blick auf die Eigentumsfrage, die Rolle des Geldes, die Verteilung des Reichtums. Demokratie muss nicht ein Buhlen um Macht sein. Gesundheits- und Bildungswesen können Allgemeingut sein. Es gab schon Ansätze einer friedlichen Koexistenz unterschiedlicher politischer Strukturen und Kulturen. Es ist wichtig, dies zu erinnern, weil in einem neuen Kontext natürlich die Eigentumsfrage erneut auf die Tagesordnung gehört. Natürlich muss erneut der Reichtum begrenzt werden, um Armut zu verringern. Natürlich muss die Demokratie die Schwachen vorzugsweise in den Blick nehmen."[3]

Kreatives Hören, das Gesichter und Stimme in die Lektüre des Psalms einwebt, ist von dem Psalm selbst gewollt. Seine Davidfigur ist – wie schon in den Samuelbüchern – eine Gestalt, die Stimmen und Gesichter vieler in sich vereint. Frauen und Männer, die von Generation zu Generation auf glücklichere Lebensbedingungen gehofft und an gesellschaftlichen Alternativen gearbeitet haben, tauchen in dieser Figur auf. Eine Veränderung, die Psalm 89 gegenüber der Samuelerzählung vornimmt, macht dieses kollektive Gesicht Davids besonders deutlich. In der Samuelerzählung kommt der Prophet Natan zu David mit der Zusage, dass die Nachfahren Davids eine ewig währende Dynastie bilden werden. David hört, dass seine Nachkommen in allen kommenden Generationen in Jerusalem regieren werden: „Dein Haus und dein Königtum werden vor dir Bestand haben für ewig, dein Thron wird für ewig fest stehen" (2. Samuel 7,16). In Psalm 89 ist diese prophetische Vision an eine Gruppe gerichtet. Der Psalm erinnert Gott an das Wort, das er gegeben hat: „Damals hast du in einer Vision zu deinen Getreuen geredet, du hast gesprochen: Ich habe Hilfe einem Starken gewährt, ich habe einen Erwählten erhoben aus dem Volk. Ich habe David gefunden, meinen Knecht. Mit meinem Heiligungsöl habe ich ihn gesalbt" (89,20–21). Die Zusagen an David sind ein Versprechen an Frauen und Männer, die sich in David wieder erkennen. Die Worte, die David gehört hat, gehen sie alle an. Auch der Fehlschlag trifft sie alle. Einzelperson und Kollektiv schieben sich deshalb auch dort ineinander, wo Psalm 89 das Geschick des gescheiterten Messias ausmalt und

Gott zum Vorwurf macht. Von „Gottes Messias" ist die Rede (89,39). Dabei spielt der Psalm auf Jojachim an, der 18-jährig König wurde, nach drei Monaten vor den babylonischen Truppen kapitulieren musste und nach Babylon verschleppt wurde. „Du hast seinen Thron zur Erde geschleudert. Du hast die Tage seiner Jugend verkürzt" (89,46), klagt Psalm 89 Gott an. Im Verlauf der Klage wird der Messias zu dem gesamten leidenden Volk. Von geschleiften Stadtmauern und verwüsteten Festungen ist die Rede. Nachbarn, die die Notlage zu Raubzügen nutzen, werden Gott zum Vorwurf gemacht: „Du hast alle seine Mauern geschleift, seine Festungen in Trümmer gelegt. Alle die vorübergehen, plündern ihn aus" (89,41 f.). Der Messias, dessen Schicksal beklagt wird, ist das besiegte Volk. Ein König verkörpert die Bundeszusagen Gottes von der Regierungsautonomie in Jerusalem, aber seine messianische Würde ist Spiegel und Zeichen der messianischen Würde des gesamten Volkes.

Die Würde des Messias

Die Evangelien von Jesus, dem Christus, sind von dem unlösbaren Band zwischen Jesus und dem Volk geprägt. Sie schieben Jesu Leben und die Konflikte zwischen Judenheit und römischem Imperium im 1. Jahrhundert ineinander. Besonders der großflächige jüdische Aufstand gegen Rom, der das ganze Land in den Jahren 66–70 n. Chr. erfasste, steht im Hintergrund der Erzählungen. Obwohl er erst nach Jesu Tod stattgefunden hat, ist dieser Aufstand wesentlich für das Verständnis des Lebensweges Jesu, wie die Evangelien ihn darstellen. Die Evangelien Markus, Matthäus und Lukas zeichnen Jesu Weg in die Geographie und Chronologie des jüdisch-römischen Krieges ein. (1) Jesu Wirksamkeit beginnt in Galiläa, unter den Armen, wo die jüdischen Befreiungsbewegungen ihren Ursprung hatten. Nach einer gewissen Zeit kommt es zu dem Bekenntnis des Petrus: Du bist der Messias, der Christus! Danach (2) zieht Jesus nach Jerusalem – wie es die verschiedenen Führer des jüdischen Befreiungskampfes getan haben. Am Ende dieses Zuges steht der feierliche Einzug in Jerusalem, den Jesus als Einzug eines Königs inszeniert. In der Darstellung des Jüdischen Krieges von Flavius Josephus ist von solchen feierlichen Einzügen in Jerusalem im Verlauf des Aufstandes zu lesen. Dann folgen (3) Auseinandersetzungen mit der politischen Elite in Jerusalem, und eine zentrale Rolle spielt der Verrat durch die eigenen Leute. Diese dritte Phase spiegelt die schreckliche Erfahrung, dass der jüdisch-römische Krieg zugleich ein Bürgerkrieg war. Belagert von den römischen Truppen haben sich die unterschiedlichen jüdischen Gruppierungen in Jerusalem gegenseitig massakriert.

Historisch ist der Weg Jesu mit Sicherheit nicht durch diese einmalige Reise nach Jerusalem geprägt. Historisch ist es viel eher so gewesen, wie es im Johannesevangelium erzählt wird, dass Jesus, wie es üblich war, jedes Jahr zu den großen Pilgerfesten, zum Pessach- und Laubhüttenfest, nach Jerusalem hinaufgezogen ist – wie es auch Jesu Familie nach dem Zeugnis des Lukasevangeliums getan hat (Lukas 2,41). Die einmalige, langsame Bewegung von Galiläa nach Jerusalem mit dem feierlichen Einzug in Jerusalem ist eine bewusste Auseinandersetzung mit der Geographie des jüdischen Krieges.

Einen Höhepunkt erreicht diese Verknüpfung der Geschichte Jesu mit den verschiedenen Exzessen des jüdisch-römischen Konfliktes in der Passionsgeschichte. Wenn Jesus in der Residenz des Statthalters von römischen Soldaten mit einem purpurfarbenen Gewand und einem Dornenkranz als König verkleidet und als König des jüdischen Volkes verhöhnt wird, schiebt sich in die Erzählung eine Szene, von der Philo von Alexandrien (etwa 10 v. Chr. bis 50 n. Chr.) erzählt. 38 n. Chr. begann das verheerende Pogrom, dem ein Großteil der jüdischen Bevölkerung Alexandrias zum Opfer fiel, mit der Verkleidung und Verhöhnung eines stadtbekannten Geisteskranken als jüdischen König (Gegen Flaccus § 36–39). Hass und Gewalt, die Jüdinnen und Juden im römischen Reich erleiden, sind der Stoff, aus dem die Geschichte des leidenden Messias gesponnen ist. Die königliche Würde, die Jesus umkleidet, ist die Würde des von Antisemitismus verfolgten Volkes.

Auch die Erzählung von der Ermordung Jesu arbeitet mit solchen ineinander übergehenden Bildern. In die Kreuzigungsszene wird der Ausgang des jüdisch-römischen Krieges eingeblendet, der 70 n. Chr. mit der Zerstörung Jerusalems und des Tempels endete. Ein „Zitat" aus dem Kriegsgeschehen steht neben der Feststellung des Todes Jesu: „Jesus aber stieß einen lauten Schrei aus und verschied und der Vorhang des Tempels zerriss in zwei Stücke, von oben bis unten" (Markus 15,37–38). Jesu Sterben ruft Bilder von der Zerstörung des Jerusalemer Tempels wach, in dem ein Vorhang den Gottesdienstbereich vom Allerheiligsten trennte. Der römische Oberbefehlshaber Titus hatte kurz bevor der Tempel Feuer fing das Allerheiligste betreten. Der Vorhang wurde beseitigt, der jüdische Gott in seinem Allerheiligsten besichtigt. Jesu Tod und diese Entweihung des Tempels am Ende des jüdisch-römischen Krieges schieben sich ineinander. In der Zusammenschau dieser Bilder strahlt die messianische Würde Jesu auf, die der wachhabende römische Offizier bezeugen muss. Es ist die unantastbare Menschenwürde der vom Krieg gequälten jüdischen Frauen und Männer. Sie ist das Allerheiligste Gottes.

Eine bewohnbare Erde

Psalm 89 zieht die Kreise der Bedeutung Davids über das eigene Volk hinaus. Eine bewohnbare Erde steht mit seinem Scheitern auf dem Spiel. Denn David und die Regierungsautonomie in Jerusalem sind – so behauptet Psalm 89 – Zeichen, dass Gott mit dieser Erde und ihren Menschen etwas Gutes vorhat. Diese Behauptung entfaltet eine fast durchgehend zweigliedrige Struktur. Aussagen über die Schöpfung und über David stehen nebeneinander.

Überschrift		
Einleitung:	I Schöpfung V. 2–3	II David V. 4–5
Hauptteil:	I Schöpfung V. 6–19	II David V. 20–38
Klage:	V. 39–46	
Bitten:	I Schöpfung V. 47–49	II David V. 50–52

Der Psalm ist zunächst Schöpfungslob. Der Himmel und die Erde erzählen von Gottes Liebe zur Menschheit. Mit der Erderschaffung zeigt Gott seine Liebe zu den Menschen, indem er ihnen Raum für gutes Miteinander gibt. Die Begrenzung des Meeres charakterisiert beispielhaft dieses schöpferische Tun Gottes: „Du herrschst über den Hochmut des Meeres. Wenn seine Wellen toben – du beschwichtigst sie" (Psalm 89,10). Die Erde entsteht als Ort zum Wohnen, weil Gott die bedrohlichen Wassermassen begrenzt, sie zu Meeren werden lässt und das Meer nachhaltig in Schach hält.

Die Themen und Stichworte des Schöpferlobes kommen in der Rede über David wieder vor. Noch einmal ist von dem Meer die Rede. Zu den Versprechen, die Gott David gegeben hat, gehört die Zurüstung: „Ich lege auf das Meer seine Hand, auf die Ströme seine Rechte. Er wird mich rufen: Mein Vater bist du, mein Gott, der Fels meiner Befreiung" (Psalm 89,26 f.). Gott nimmt Davids Hand und legt sie auf das Meer. Aus dem Bild spricht Machtübertragung und die Delegierung des Streites gegen die lebensbedrohlichen Kräfte, die das Meer repräsentiert. Die Liebe Gottes, die sich in der Erderschaffung zeigt, ringt auf der Erde um eine Regierung, die eine Lebensordnung durchzusetzen willens und in der Lage ist. Denn was Gott mit der Begrenzung der Meereswasser begonnen hat, muss sich in der Gestaltung menschlicher Gemeinschaft vollenden. Die Erde, die als Lebensort gegeben ist, muss zu Ortschaften werden, in denen Menschen in Frieden miteinander leben können. Aus Davids Beauftragung erwachsen Gotteserkenntnis und Gottespoesie. Sie führt zum Vaternamen für Gott: „Er wird mich rufen: Mein Vater bist du, mein Gott, der Fels meiner Befreiung" (89, 27). Die Erfahrung, dass Menschen für Menschen Ort des Lebens gestalten können, macht sie sprachfähig in ihrer Rede von Gott. Liebe wird als das Fundament der Erde erfahrbar und Gott als Vater erzählbar, wo die Integration der Überflüssigen nicht als widernatürliches Experiment denunziert wird. In Politik und Gestaltung unseres Gemeinwesens lernen wir von dem Gott reden, zu dem wir beten: „Vater unser." Vielleicht liegt es an unserer Davidvergessenheit, dass wir den „Vater" von dem „Allmächtigen" her deuten und Politik und Gestaltbarkeit des Lebens an den Rand des Glaubens rücken. Als wäre für uns ein Gott, der alles wirkt und alles schafft, was auf Erden passiert, am Ende doch leichter zu ertragen als die Verzweiflung über gescheiterte politische Projekte, die aus Psalm 89 spricht.

Gott, Vater, der Allmächtige

Der Vatername ist durch Frauenerfahrungen beschädigt. Denen, die väterliche Gewalt erlitten haben, sagt er nichts Gutes. Vielleicht können viele die Gotteserkenntnis „Mein Vater bist du" deshalb nicht mit diesen Worten nachsprechen. Aber wir können zu verstehen suchen. Der Begriff Vater ist für die Dichterinnen und Dichter des Psalms 89 nicht gleichbedeutend mit Allmacht, Verfügungsgewalt und Willkür. Im Gegenteil. Er gibt dem Ruf zu Teilhabe und Verantwortung einen Namen. David benennt mit dem Vaternamen die Gotteserkenntnis, die aus seiner Berufung erwächst. Nicht in der Vater-Tochter-Beziehung, in der Vater-Sohn-Beziehung des patriarchalen Familienverbandes wurzelt die Bedeutung des Wortes Vater. Das Überleben des Vaters hängt an seinen Söhnen. Sie sind Repräsentanten des Vaters und Teilhaber seiner Verantwortung. Sie treten als seine Bevollmächtigten auf und nehmen seine Geschäfte wahr. „Vater" ist ein Gottesname, der von der Beziehungsfähigkeit der Gottheit erzählt und ihr Leben in Beziehungen zum Ausdruck bringt. Dass der Schöpfer sich als Vater entpuppt, fasst das Geheimnis der biblischen Gottheit zusammen: In Gemeinschaft mit Menschen stellt sich die Ewige den Kräften der Zerstörung entgegen. In Gemeinschaft mit Menschen will sie die Erde zu einem Wohnort machen und selbst in ihr wohnen. Das sprechen wir in unserem Glaubensbekenntnis nach: „Ich glaube an Gott den Vater den Allmächtigen den Schöpfer des Himmels und der Erde." Wir bekennen nicht einen allmächtigen Steuermann, der Gutes wie Böses wirkt. Wir bekennen die Eine, deren Bindung an uns Menschen der Vatername ausspricht. Sie ruft uns aus unserer Schicksalsgläubigkeit heraus. Sie ist mächtiger als alle anderen Mächte und Gewalten, denen wir begegnen. Unser Bekenntnis hat eine revolutionäre Struktur. „Vater" und „Allmächtiger" sind Kontraste, keine

Komplementärbegriffe. Wir fügen Unvereinbares zusammen und sprechen aus, dass die Stimme, die uns zur Übernahme der Weltgeschäfte ruft und ermächtigt, sich durchsetzen wird gegen angeblich unveränderbare Gesetzmäßigkeiten, gegen Machtgier und sonstige Anwärter auf das Gottesamt. Wir sagen sogar: Schöpfer des Himmels und der Erde ist diese Stimme, und behaupten, dass Himmel und Erde mitarbeiten am Entstehen von Ortschaften, in denen friedlich gelebt werden kann. Denn die, die den Vaternamen trägt, hat ihnen ihre Bestimmung gegeben.

Zu der Gottespoesie, die der Beauftragung folgt, gehört auch die Verheißung der ewigen Daviddynastie. Sie dichten von der Gottheit, die nicht nur ihre Weltverantwortung, sondern auch ihre Ewigkeit teilt. Unerhört ist diese Verheißung vom ewigen Bestand einer Dynastie. In altorientalischen Vergleichstexten, die um die theologisch-ideologische Sicherung eines Herrschers kreisen, finden sich keine Parallelen. Die Dynastieverheißung ist nicht der Hoftheologie entsprungen, die es an allen Königshöfen gegeben hat und deren Aufgabe es war, das amtierende Herrscherhaus zu legitimieren. Sie wird überliefert, obwohl die Fortdauer von Davids Königtum, geschweige denn dessen ewiger Bestand, unter machtpolitischen Gesichtspunkten nicht zu erwarten war und von der Geschichte nicht bestätigt wurde. Psalm 89 erzählt diese Verheißung weiter, obwohl ihm die Fehler der Regierungsverantwortlichen vor Augen stehen. Machtgier, Verbrechen, Selbstverliebtheit – das alles hat es auch bei den Regenten der Daviddynastie in Jerusalem gegeben. Doch rechtfertigen menschliche Fehler nicht den Untergang. Psalm 89 interpretiert die Davidverheißung als eine Klammer der Treue um die Auseinandersetzung mit menschlicher Schuld. Gott hat seinen Leuten mit Blick auf David versprochen:

30 Ich setze seine Nachkommen ein für ewig,
seinen Thron wie die Tage des Himmels.
31 Wenn seine Nachfolger meine Weisung verlassen,
und nicht nach meinem Recht gehen,
32 wenn sie meine Grundrechte verletzen,
und meine Gebote nicht bewahren,
33 dann überfalle ich sie wegen ihrer Verbrechen mit dem
Stock, wegen ihrer Schuld mit Schlägen,
34 aber meine Liebe werde ich nicht von ihm brechen,
meine Treue nicht zur Lüge machen,
35 meine Bundesverpflichtung werde ich nicht verletzen,
den Ausspruch meiner Lippen nicht verändern.

36 Eines habe ich in meiner Heiligkeit geschworen:
David werde ich nicht täuschen.
37 Seine Nachkommen bleiben auf Dauer,
sein Thron wie die Sonne vor mir ….

Schuld und ihre Folgen sind von Gottes Treueversprechen buchstäblich eingeklammert. Im Zentrum der Dynastiezusage steht die Selbstverpflichtung Gottes, dass Verrat und Untreue der Menschen Gottes Treue nicht hinfällig machen können. Diese Selbstverpflichtung Gottes bildet den Kern der Verheißung: Eigenmächtigkeiten und Fehlentscheidungen der Regierungsverantwortlichen in Jerusalem werden Gottes Zusagen nicht Lügen strafen. Der Psalm deutet damit das Versprechen der Generationen übergreifenden Thronfolge: Gott stellt sich der Schwerkraft des Bösen in den Weg. Die Dynastieverheißung ist Gottes Widertand gegen die Erfahrung, dass Fehler und Vergehen sich in ihrer zerstörerischen Kraft als durchschlagender und stärker erweisen als befreiende Aufbrüche. Gott will nicht, dass Verrat und Gewalt seine Liebe zerstören können. Deshalb gibt er David Teil an seiner Ewigkeit. Mehrfach wiederholt Psalm 89 diese ewige Dimension des Davidbundes: „In Ewigkeit gebe ich deinem Samen Bestand, baue deinen Thron von Generation zu Generation“ (Psalm 89,5.30.37). Davids Arbeit, die zur Einheit Israels und einer gewissen Sicherheit geführt hat, soll für alle Zeit Bestand haben. Auch wenn David am Ende seines Lebens damit begonnen hat, niederzureißen, was während seiner Regierungszeit gewachsen ist, Gott gibt Fehlern nicht die Macht, sein ganzes Leben zu zerstören. Auch wenn Rechtsverletzungen unter den späteren Regenten des Hauses Davids nicht zu leugnen sind, lässt Gott Unrecht und Verfehlung nicht den Sieg über Israels Einheit und Existenz davontragen. Ohne dass wir die uns vertrauten Bilder von einem jenseitigen, ewigen Leben nach dem Tod finden, geht es um Davids ewiges Leben. Gott hat versprochen, sein Leben in seine Ewigkeit aufzunehmen. Deshalb ist in Psalm 89 die Davidverheißung an alle Leute Gottes adressiert. Sie ist ein Versprechen für alle, die sich mit Gott auf den Weg machen. Ihr Engagement, so fragmentarisch es auch sein mag, will Gott sich zu Eigen machen. Es soll von Generation zu Generation im Streit für eine bewohnbare Erde Früchte tragen.

Spuren des Messias

Zusätzlich zu der politischen Niederlage tragen die Besiegten an den seelischen Folgeerscheinungen des Scheiterns. Im letzten Abschnitt des

Psalms geht es um diese inneren Verletzungen. Dieser letzte Abschnitt zeigt wieder die für den gesamten Psalm typische Gleichzeitigkeit von Schöpfungsthematik (47–49) und Davidbund (50–52). Zwei Abschnitte, die jeweils durch eine Frage eingeleitet werden und Gott die Bitte „gedenke" entgegenhalten, stehen nebeneinander. Die Schöpfung verfällt der Herrschaft des Todes, wenn die Davidverheißung hinfällig wird:

I
47 Wie lange noch, EWIGE, verbirgst du dich für immer,
brennt wie Feuer dein Grimm?
48 Gedenke: ich – was ist das Leben?
Zu welch leerer Illusion
hast du alle Adamskinder erschaffen?
49 Welcher Mensch lebt und sieht nicht den Tod?
Welcher Mensch kann sein Leben aus der Hand des Totenreichs
entkommen lassen?

II
50 Wo sind die frühen Taten deiner Liebe, mein Herr,
die du David zugeschworen hast bei deiner Treue!
51 Gedenke, mein Herr, der Verhöhnung deiner Leute!
Ich trage all die vielen Völker am Leibe,
52 die als deine Feinde höhnen, EWIGE,
die verhöhnen die Fußspuren deines Messias.

Die anfängliche Frage „Wie lange noch?" unterstellt Veränderbarkeit. Unter diesem Vorzeichen wird das Lebensgefühl angesprochen, das übrig bleibt, wenn wir auf dieser Erde kein Heil zu erwarten haben. Sein zum Tod ist unser Leben. Eine Menschheit aus isolierten Individuen bleibt zurück. Alles Lebendige ist der Vergänglichkeit preisgegeben. Viel ist diesem Lebensgefühl nicht entgegen zu halten. Die politische Erfahrung lehrt, dass Kritik und Reformen den Untergang der beiden Staaten Israel und Juda nicht verhindern konnten. Und wenn es in Jerusalem nicht gelingt, der Menschenverachtung der Eliten und dem imperialen Machthunger zu trotzen und Gerechtigkeit zu gestalten – wo dann? Zum Hohn sind alle jene geworden, die von einer alternativen Gesellschaft geträumt haben. Drei Mal klingt das Wort „Verhöhnung" in den letzten Versen des Psalms. Die Aufbrüche, die es gegeben hat, sind eine Lachnummer. Sie fallen der Logik des Krieges zum Opfer, die den Siegern Recht gibt. Wachstumskontrolle, Schuldenerlass, regelmäßige Befreiung derjenigen, die sich und ihre Familienangehörigen in Schuldsklaverei verkaufen mussten – das alles hat den

Geruch von Schwärmerei, die sich im Lauf der Geschichte nicht bewähren konnte. Christliche Theologen und Theologinnen haben in diesen Hohn der Völker eingestimmt. Sie haben behauptet, Israels Geschichte müsste als Unheilsgeschichte gelesen werden. Sie spreche ein Urteil über jegliches menschliche Wollen, Welt und Geschichte zu verändern. Das große biblische Erzählwerk, das vom Einzug ins Land im Buch Josua bis zum Scheitern der beiden Staates Israel und Juda im 2. Buch der Könige reicht, ist von christlichen Theologen und Theologinnen so interpretiert worden. An der Geschichte Israels würde man ablesen können, dass die Hoffnung auf Gerechtigkeit in der Welt scheitern *muss*. Einen Sinn hat diese Erzählung gescheiterter Geschichte nur deshalb, weil sie die Verkündigung des Evangeliums als ein „radikal jenseitig-eschatologisches Geschehen" vorbereitet (Rudolf Bultmann). Nur deshalb, weil es vom Scheitern erzählt, wurde dem Alten Testament von vielen überhaupt noch ein Platz in der christlichen Bibel zugestanden. Es wurde behauptet, im Alten Testament würde die Sündigkeit und Vergeblichkeit menschlicher Existenz aufgezeigt und so würde ein Grund gelegt werden für die Verkündigung der Gnade im Neuen Testament. Israel und seine gesamte Geschichte wurden abgewertet und zugleich als eine Waffe gegen alle politisch Engagierten gewendet. Weltverbesserungsillusionen und menschliches Selbsterlösungsstreben wurden ihnen vorgeworfen. Sie würden das Sündersein des Menschen in seiner ganzen Unausweichlichkeit verkennen. Eine Geschichte gescheiterter Aufbrüche mag diesen Stimmen Recht geben. Und doch haben sie kein Recht darauf, dass sie Recht haben.

Das verbale Nachtreten, das einer gescheiterten gesellschaftlichen Alternative auch noch im Rückblick die Legitimität bestreitet, bekommt in Psalm 89 einen kostbaren Namen. Der Psalm endet mit den Worten: „Sie verhöhnen die Fußspuren deines Messias" (89,52). Diese Beschreibung ist Klage und Widerstand in einem. Sie besteht darauf, dass Fußabdrücke der messianischen Zeit in Israels Geschichte sichtbar geworden sind. Auch wenn christliche Theologinnen und Theologen sich mit dieser Behauptung schwer tun – sie wird im Neuen Testament vorausgesetzt. Paulus z. B. deutet die Erfahrung, dass sich in Wüstennot Quellen des Überlebens aufgetan haben, mit den Worten: „Der Fels (der Wasser gab) war der Messias" (1. Korinther 10,4). Auch in dürren Zeiten, in denen der Aufbruch einer ganzen Generation scheiterte, hat der Messias seine Spuren hinterlassen: Ein Grundgesetz wurde erarbeitet und der Macht des Königs vorgeordnet. Arme haben Recht bekommen, Sklaven und Sklavinnen kamen zu Atem. Wenn Psalm 89 auf diese Geschichte blickt, fließen erneut Singular und Plural in der Rede vom Messias zusammen. Die Spuren des Messias sind vielfältig und vielgestaltig wie die Frauen und Männer, die Gottes Ruf zur Verantwortung hören und befolgen. Die Fragmente, die ihr politisches Engagement immer nur zuwege bringt, will Gott vor Vergänglichkeit und Scheitern beschützen. Das hat er David versprochen. Der Psalm behaftet Gott bei diesem Versprechen. Gott soll die fragmentarischen Aufbrüche auch vor denen bewahren, die sie in den Dreck treten.

1 Matthias Loerbroks, Weisung vom Zion. Biblisch-theologische Orientierungen für eine Kirche neben Israel, Berlin 2000, 152–158.

2 Dazu Klara Butting, Gerard Minnaard, Rainer Kessler, 2. Samuel. Die Bibel erzählt 5, Wittingen 2009.

3 Giselher Hickel, Was ich festhalten möchte, in: Junge Kirche 3/2012, 20–21.

Die Heilung der Welt

6. Der Weg des Glaubens
Psalm 90–92

Die Städte liegen in Trümmern und die Hoffnung auf befreites Leben im eigenen Land ist eine Illusion – das ist von dem unter einem König geeinten Israel übrig geblieben. Was wird an diesem Tiefpunkt der Geschichte aus dem messianischen Projekt Gottes? Wie kann die Verheißung, dass die Erde als Lebensort gestaltbar ist, weitergegeben werden? Diese Fragen stehen im Raum, wenn mit Psalm 90 das 4. Psalmenbuch beginnt. Gerald Wilson, ein Gelehrter aus den USA, der zu den ersten gehört, die an der Buchkomposition des Psalters gearbeitet haben, hat deshalb die Psalmen 90–106 als das Zentrum des Hebräischen Psalters bezeichnet.[1] Sie suchen, Gottes Verheißungen aus den Trümmern zu retten. Gleich die ersten drei Psalmen (Psalm 90–92) bilden eine kleine Komposition, die sich dieser Herausforderung stellt. Die Klage wird rekapituliert (Psalm 90), der Weg der Befreiung beschrieben (Psalm 91) und die ersehnte Erfüllung des Lebens als gegenwärtig ausgemalt (Psalm 92).

Die Macht der Fürbitte
Psalm 90

Psalm 90
1 Ein Gebet Moses, des Mannes Gottes.

Mein Herr,
du bist Unterschlupf uns gewesen
von Generation zu Generation.
2 Eh die Berge geboren wurden
und du kreißtest mit Erde und Welt –
von Zeiten her bis in Zeiten
Gottheit bist du.

3 Zurückkehren lässt du die Menschen zum Staub,
du sprichst: Kehrt um, Menschenkinder.
4 Ja, tausend Jahre sind in deinen Augen wie der gestrige Tag,
wenn er vorüberzog,
einer Nachtwache gleich.

5 Du schwemmst sie weg, wie ein Schlaf sind sie,
am Morgen wie Gras, das austreibt.
6 Am Morgen blüht es und treibt aus,
am Abend welkt es und dorrt.
7 Ja, wir vergehen durch deinen Zorn,
durch deinen Grimm sind wir verstört.
8 Du stellst unsere Verfehlungen dir gegenüber hin,
was wir verbergen ins Licht deines Antlitzes.
9 Alle unsere Tage schwinden durch deine Wut.
Wir vollenden unsere Jahre wie ein Murmeln.
10 Die Tage unserer Jahre sind siebzig Jahre,
und manchmal, wenn wir stark sind, achtzig Jahre.
Ihr Stolz – Leid und Unheil!
Schnell geht es vorbei und wir fliegen weg.

11 Wer erkennt die Macht deines Zorns,
und wie du zu fürchten bist, deine Wut.
12 Unsere Tage zu zählen, lass uns erkennen,
damit wir ein weises Herz erlangen.

13 Kehre um, Ewige! Wie lange noch?
Lass dir leid sein um deine Leute.
14 Sättige uns am Morgen mit deiner Freundlichkeit,
dass wir jubeln und uns erfreuen
an allen unseren Tagen.
15 Erfreue uns
gleich den Tagen, da du uns gebeugt hast,
gleich den Jahren, in denen wir Böses sahen.
16 Sichtbar werde deinen Leuten dein Wirken,
dein Glanz über ihren Kindern.

17 Meines Herrn, unserer Gottheit Sanftmut sei über uns.
Dem Tun unserer Hände gib Bestand über uns.
Dem Tun unserer Hände, gib ihm Bestand!

Psalm 90 beginnt mit den Worten: „Ein Gebet Moses (für Mose), des Mannes Gottes." Die Überschrift ist singulär. Psalm 90 wird als der einzige der biblischen Psalmen Mose in den Mund gelegt. Moses Name spielt im gesamten 4. Psalmenbuch eine große Rolle (90,1; 99,6; 103,7; 105,26; 106,16.23.32). Seine Bedeutung für Israel wird rekapituliert. Auf Messers Schneide, als die Geschichte Gottes mit Israel am Ende war, war Mose mit seiner Fürbitte für Israel eingetreten. Die Exodusgeschichte erzählt davon. An den Unwägbarkeiten der Wüste war der

Auszug aus Unterdrückung im Tanz um das goldene Kalb gescheitert. Gott war mit seinen Ideen und seinem Weg mit Israel am Ende. Da stand Mose auf und betete: „Kehr um von deinem Zorn" (2. Mose 32,12). Dieses Gebet Moses brachte Israel eine neue Chance. Vor dem Scherbenhaufen der eigenen Geschichte lehrt der Psalter mit Mose beten. Moses Fürbitte im Schatten des goldenen Kalbs wird zum Gebet aller. Psalm 90 greift dieses Gebet wortwörtlich auf: „Kehre um, Ewige! Wie lange noch? Lass es dir leid sein um deine Leute!" (Psalm 90,13). Wir lernen mit Mose beten, lernen wie Mose zu beten und werden zu Mose, weil die Geschichte Gottes noch einmal auf Messers Schneide steht.

Die Klage über menschliches Scheitern hat dem 90. Psalm einen festen Platz im kirchlichen Alltag gesichert. Als typischer Beerdigungspsalm ist er mit der Lebenskrise verbunden, die der Tod bringt. Wer nur irgendwie in Kirchennähe aufgewachsen ist, kennt einzelne Sätze aus dem Psalm 90. Die Gottesferne, die er ausmalt, ist uns vertraut: „Tausend Jahre sind vor dir wie der Tag, der gestern vergangen ist, und wie eine Nachtwache" (90,4). Die menschliche Bedeutungslosigkeit und Vergänglichkeit, die er beklagt, ist bekannt. Menschliches Leben wird mit Gras verglichen, „das am Morgen blüht und sprosst und des Abends welkt und verdorrt" (90,6). Der Psalm beschreibt so etwas wie die Schwerkraft des Bösen, die alle Aufbrüche und guten Ansätze wieder zerstört: „Unser Leben währet siebzig Jahre und wenn's hoch kommt, so sind's achtzig Jahre, und was daran köstlich scheint, ist doch nur vergebliche Mühe" (90,10). Noch krasser klingt es, wenn wir die letzte Zeile wörtlich übersetzen: „Ihr Stolz – Leid und Unheil" (Bibel in gerechter Sprache). Alles, worauf wir stolz sein können, das verkehrt sich mit der Zeit in Leid und Unheil. Daraus ziehen wir die Konsequenz, die in der Lutherübersetzung nur allzu bekannt ist: „Lass uns bedenken, dass wir sterben müssen, auf dass wir klug werden" (90,12). In manchen Gemeinden schließen im Sonntagsgottesdienst die Abkündigungen der Verstorbenen mit diesem Vers. Und es gibt vermutlich nur wenige Beerdigungsfeiern, auf denen er nicht gehört wird. Mit diesem Vers endet unsere Vertrautheit mit dem Psalm. Unwidersprochen bleibt die Beschreibung unserer Vergänglichkeit im Raum stehen. Die Klugheit, in der wir unterwiesen werden, ist Akzeptanz dieser Vergänglichkeit. Mit Sätzen aus Psalm 90 ist unser Vergehen als unveränderliche Bedingung unseres Lebens in unser Lebensgefühl eingegraben. Als „condition humaine" lernen wir, dass unser Leben im Diesseits mit all seinem Tun und Wollen vergeht.

Diese Hörgewohnheit ist ein Seismograph für die Verkündigung der Auferstehung in unseren Kirchen. Ihre Bilder stammen eher von Platon als aus der Bibel. Platon hoffte auf die Befreiung der Seele aus der Gefangenschaft im Kerker des Körpers. Was unter uns als Auferstehung der Toten gehofft wird, ähnelt häufig mehr seiner Erwartung, als der unserer biblischen Mütter und Väter. Auferstehung vom Tod sei der „Beginns eines neuen, unvergänglichen Lebens" definiert z. B. der Artikel zum Thema Auferstehung in der neuen, vierten Auflage der RGG von 1998.[2] Der Glaube an die Auferstehung der Toten hofft auf ein Jenseits, wo der Schmerz über die Endlichkeit des Lebens und die bleibende Erfahrung von Unrecht beantwortet wird. Brot, Gerechtigkeit und Überleben eines Volkes sind damit nicht gemeint. Das erhoffte neue Leben jenseits des Todes lässt das Diesseits unter der Herrschaft des Todes. In diesem Sinne hören wir Psalm 90: Leben scheitert! Trost können wir nur bei Gott jenseits unserer Vergänglichkeit finden. Auch in der Spiritualitätsbewegung kehrt diese Hörgewohnheit wieder. Psalm 90 wird zu einem Text, der den Kern aller Religionen zum Ausdruck bringt, nämlich: dass wir lernen müssen loszulassen. Lebensklugheit ist: unser und aller Dinge Vergehen zu akzeptieren. „Loslassen" gilt als Kern von Religion und Lebenskunst.

Doch schon die Überschrift bringt unsere Interpretation ins Wanken. Mose ist mit einem Volk in dieser Welt unterwegs. Er ist Anführer im Streit um Befreiung aus gesellschaftlichen Zwängen. Wenn unser Lebensgefühl sich dem Urteil nähert, das Dasein selbst sei Leiden, tritt Mose uns entgegen. Sein Gebet sprechen Menschen, die Gott anders in Erinnerung haben. Dass Gott fern unserer Lebenstage außerhalb unserer Zeit existiert, ist nicht Normalität, sondern eine Infragestellung all dessen, was in Israel über Gott gehört und gelernt wird. Israels Gott hat sich aus der Bundesgeschichte zurückgezogen, ist unkenntlich, fern und abgekehrt. Statt Zuwendung und Orientierung bewirkt die Gottheit in der Gegenwart nur, dass die Entfremdung des Lebens zutage tritt (V. 8). Der Psalm beschreibt die Vergänglichkeit nicht als die normale „condition humaine", die es zu akzeptieren gilt, sondern als Erfahrung von Ferne und Zurückgezogenheit Gottes, für die die biblischen Autorinnen und Autoren das Wort „Zorn" gebrauchen. Unsere Mütter und Väter im Glauben, die ihr Gebet Mose in den Mund legen und Moses Gebet zitieren, wussten, dass die beschriebene Vergänglichkeit und Sinnlosigkeit menschlichen Lebens die Geschichte Gottes radikal in Frage stellen. Wenn von Gott nichts anderes übrig geblieben ist als jene Ewigkeit, für die tausend Jahre wie ein einziger Tag sind, dann ist die Geschichte der Befreiung an ihr Ende gekommen. Dabei ist nicht Unsterblichkeit die Lebensperspektive, die der Psalm einfordert. Das Problem der Betenden ist nicht ihre Endlichkeit, sondern die Sinnlosigkeit, das Ausgeliefertsein an Schuld und Verfehlung. Vor den Trümmern der eigenen Geschichte schreien sie zu Gott, er möge zurückkehren aus seiner Ferne, zurück in die Begegnung, zurück ins Diesseits, in die Lebenszeit der Menschen. Ihre Bitte ist nicht „lass uns bedenken, dass wir sterben müssen" – wie wir es aus der Lutherübersetzung kennen. Sie wollen – wörtlich übersetzt – lernen, ihre „Tage zu zählen" (90,12). Sie richten den Blick auf die Tage, die ihnen zum Leben gegeben sind, und rücken Gott zu Leibe, er soll in ihren Lebenstagen wieder gegenwärtig sein.

Wichtige Stichworte im ersten Teil des Psalms, der das Vergehen beklagt, tauchen im zweiten Teil wieder auf. Die Worte „umkehren", „Morgen", „Tage", „Jahre" klingen zuerst in der Klage, dann werden mit denselben Worten Bitten formuliert, die auf die Verwandlung unseres Lebens zielen. Eine konzentrische Struktur entsteht:

1–2			Einleitung (Adonai ist Gott)
	3–10 Teil I		Klagen
		11–12	Zentrum und Wendepunkt
	13–16 Teil II		Bitten
17			Abschlussbitte (Adonai unser Gott)

In der Mitte des Psalms findet ein Blickwechsel statt. Die Betenden hören auf, über Gottes Zorn zu grübeln. Sie durchbrechen die Ferne Gottes, indem sie Gottes Nähe einfordern. Dieser Wendepunkt bestimmt den zweiten Teil des Gebetes. Der Imperativ ist von Vers 12 an die Sprachform. Gott wird zur Umkehr gerufen. Erfülltes, gesättigtes Leben im Diesseits wird erhofft. Zugleich geht es dabei um ewiges, vom Tod befreites Leben. Der Psalm endet mit der Bitte: „Meines Herrn, unsres Gottes, Sanftmut sei über uns! Dem Tun unsrer Hände gib über uns Bestand, dem Tun unsrer Hände, gib ihm Bestand!" (90,17). Die Formulierung greift auf den Davidbund zurück: „In Ewigkeit gebe ich deinem (Davids) Samen Bestand" (Psalm 89,5). Psalm 90 nimmt Gott bei dem Wort, das er David gegeben hat. Das ewige Leben, das Gott David versprochen hatte, wird eingefordert. Menschliches Leben soll nicht sinnlos und vergeblich dahingehen. Das Erreichte, auf das wir zu Recht stolz sind, soll sich nicht am Ende in Mühsal und Unrecht verkehren. Gezählt sind die Tage eines jeden Menschen auf dieser Erde, doch vergeblich dürfen sie nicht sein, ja nicht einmal vergänglich! Die Betenden formulieren was sie glauben, von dem Gott Davids erwarten und hoffen zu dürfen: Gott soll aus den Fragmenten menschlichen Lebens den Himmel bauen, der sich schützend über seine Menschen wölbt. Zwei Mal wird diese schützende, „über uns" erhoffte Bewegung in diesem letzten Vers wiederholt: Gottes Freundlichkeit sei *über uns*! Dem Tun unsrer Hände gib Bestand *über uns*! Der Himmel über uns besteht aus Gottes Zuneigung *und* dem Tun unserer Hände. Die hier beten, wollen in den Himmel kommen! Und sage mir noch mal einer, die im Alten Testament wüssten nichts von der Auferstehung aus den Toten! Der Kern des biblischen Glaubens wird hier zum Abschluss von Psalm 90 formuliert: diese Erwartung, dass unser Tun Teil wird der Freundlichkeit Gottes, die sich behütend über uns beugt. Menschliche Arbeit soll aufgehoben werden in der Leben sichernden Kraft, mit der Gott das Leben auf dieser Erde ermöglicht.

Der Zorn Gottes

Psalm 90 sieht Gott am Werk, wo Leben unter das Gesetz des Vergehens gerät. Er klagt: „Wir vergehen durch deinen Zorn" (90,7). Ähnlich hatte Psalm 89 über die politische Katastrophe gesprochen und formuliert. „Du hast verabscheut und verworfen, bist zornig geworden über deinen Messias" (89,39). Psalm 89 fragt: „Wie lange, Ewige, verbirgst du dich für immer, brennt deine Zornesglut wie Feuer?" (89,47). Im Hintergrund dieser Klagen steht die prophetische Lerntradition. Sie hat mit ihrer Rede vom Gericht die biblische Verarbeitung des Untergangs der Staaten Israel und Juda geprägt. Der äußere Zusammenbruch in Gestalt der militärischen Niederlage hat – laut prophetischer Kritik – nur den jahrelangen inneren Zerfall des Sozialgefüges sichtbar gemacht. Die Prophetinnen und Propheten haben gewarnt, dass das Recht des Stärkeren das Gemeinwesen nicht auf Dauer regieren wird. Irgendwann wird einer kommen, der noch stärker ist, und in der Niederlage wird das Lebensgesetz der Stärke in seiner ganzen Brutalität offenbar. Dem Gott Israels wurde dabei eine aktive Rolle zugeschrieben. Israels Gott wurde als Garant dafür verkündigt, dass die heimliche Privilegierung der Starken im Landesinneren eines Tages ihre unheimlichen Konsequenzen zeigt.

Für uns ist es fremd, so von Gott zu sprechen und vermutlich auch nicht lernbar. Doch für die Mütter und Väter unseres Glaubens ist das Beharren auf Gottes Gericht Widerstand gegen ihren Fatalismus in der Katastrophe. Schicksalsergebenheit fürchten sie mehr als Gottes Gericht. Gottesfurcht ist ihnen lieber als Schicksalsangst. Denn solange Gott richtet, wendet er sich zu und sucht Veränderung. Psalm 90 gründet in diesem Vertrauen. Die Klage setzt ein mit der Behauptung „Zurückkehren lässt du die Menschen zu Staub" und ergänzt: „und sprichst: Kehrt um, Menschenkinder" (90,3). Zwei Mal wird die hebräische Wurzel „schuv", die umkehren und zurückkehren bedeutet, gebraucht. „Zurückkehren" ist die Bedeutung in der ersten Zeile. Die Menschen, die von Erde genommen sind, kehren zur Erde zurück (vgl. 1. Mose 3,19). Wie im 1. Buch Mose wird unser Sterbenmüssen als Gottesurteil beschrieben. Dasselbe hebräische Wort „schuv" hat in dem Moment, in dem Gott spricht, die Bedeutung „umkehren": „Kehrt um, Menschenkinder". Trotz der beklagten Verlorenheit der Menschen an die Vergänglichkeit hält der Psalm daran fest: Ruf zu Umkehr ist, was wir erfahren. Unsere Vergänglichkeit wird als Folge von Gottes Gerichtshandeln gedeutet. Mit dieser Deutung wird behauptet, dass wir in unserer Vergänglichkeit den Ruf hören, die Richtung unseres Lebens zu ändern. Mit dem Urteil „von Erde sind sie genommen, zur Erde müssen sie zurückkehren" bindet Gott die Menschen an die Erde und ruf sie zur Verantwortung. Die Erde ist ihr Ort, hier sollen sie leben, hier den Weg „zurück" ins Paradies finden.

Gemeinsame Lebenszeit
Psalm 92

Das Verlangen nach erfülltem Leben bleibt kein frommer Wunsch. Am Ende der kleinen Komposition der Psalmen 90–92 wird darauf zurückgeblickt. Psalm 92 redet mitten in der bedrohten Welt von Glück. Er tut das in bewusster Auseinandersetzung mit den Psalmen, die das Scheitern der Hoffnung beklagen.

Die Bitten aus Psalm 90 haben Antwort gefunden:
Psalm 90,14–16:
„Am *Morgen* sättige uns mit deiner *Freundlichkeit*, dass wir *jubeln* und uns *erfreuen* an all unsern Tagen. (…) Sichtbar werde deinen Leuten dein *Wirken*.

Psalm 92,3–5:
Am *Morgen* (gibt es) Gottes *Freundlichkeit* zu erzählen. Mit deinem *Wirken*, EWIGE, hast du mich *erfreut*, ich *bejuble* die Taten deiner Hände.

Die Davidverheißungen sind wahr geworden. Gott hat David laut Psalm 89,20–27 versprochen:
„Ich habe einen Erwählten erhoben aus dem Volk, mit meinem Heiligungsöl habe ich ihn gesalbt. (…) In meinem Namen erhebt er seinen Kopf. (…) Er soll mich rufen: ‚Mein Vater bist du, mein Gott, der Fels meiner Befreiung!"

Psalm 92, 11–16 nimmt die Worte der Verheißung auf:

„Du erhebst wie des Wisents meinen Kopf, durchfeuchtet bin ich mit frischem Öl. (Die Bewährten) werden erzählen, dass der Ewige gerecht ist, mein Fels, kein Unrecht ist an ihm."

Die Frauen und Männer, die Psalm 92 beten, erkennen sich selbst als die königlichen Menschen, die Gott in David gesehen hat. Sie schreien nicht mehr, dass die frommen Worte nichts mehr sagen. Die Gottesanrede „mein Fels", die die biblische Davidfigur charakterisiert, ist jetzt ihre Sprache. Sie können erzählen, dass der Gott, der sich David versprochen hat, nicht untreu geworden ist.

Über die Erfahrungsräume, die in einer bedrohten Welt Sprache geben für Glück und erfüllte Verheißungen, gibt die Überschrift Auskunft. Die Bilder der Lebensfülle sind mit dem Sabbat verbunden. Als einziger der biblischen Psalmen wird Psalm 92 mit dem Sabbat in Verbindung gebracht. Er beginnt mit der Überschrift: „Ein Psalm, ein Lied von dem/für den Tag des Sabbats" (92,1). Die Mehrdeutigkeit der Präposition „*le*, von/für", auf die ich im Zusammenhang der Davidpsalmen hingewiesen habe, gilt auch hier. Ein Lied „für den Sabbat" ist dieser Psalm und zugleich ein Lied „des Sabbats". Die Sabbatfeier ist Bezugsgröße und Quelle, dem das Lied seine Entstehung verdankt. Eine Gegenerfahrung wird beschrieben, für die der Sabbat bürgt.

Von der Sabbatfeier geht eine Verwandlungskraft aus, obwohl die Krisenerfahrung, die im Hintergrund der Psalmen 90–92 steht, mit Sicherheit auch die Gestaltung dieses Tages in Mitleidenschaft gezogen hat. Der Sabbat war in Israel seit alters ein Ruhetag (Amos 8,5). Sein Name kommt von dem hebräischen Verb *schabat* (aufhören). Als einer der ältesten Texte gilt 2. Mose 34,21: „Sechs Tage sollst du arbeiten, aber am siebten Tag sollst du ruhen; auch in der Zeit des Pflügens und in der Ernte sollst du ruhen." Die Hauptarbeitszeiten der Bäuerinnen und Bauern, Aussaat und Ernte, werden ausdrücklich benannt. Der Zwang der Reproduktion soll nicht die gesamte Lebensgestaltung diktieren dürfen. Dafür steht der Sabbat.

Die Freiheit, das Leben nach solchen Sabbatregeln zu gestalten, wurde den Juden und Jüdinnen mit Deportation und Versklavung genommen. In der Fremde waren sie gezwungen, am Sabbat zu arbeiten. Und selbst in der nachexilischen Provinz Juda, wo jüdisches Leben nach eigenen Regeln im Prinzip wieder möglich war, war der wöchentliche Ruhetag keine Selbstverständlichkeit. Es werden Konflikte um den Sabbat berichtet, und die Bedeutung der Staatsgewalt für diesen Tag wird sichtbar. Nehemia, Statthalten der persischen Provinz Juda, hat mit Polizeigewalt versucht, den Sabbat gegen die Handelsinteressen der Globalisierungsgewinner durchzusetzen (Nehemia 13,15–22). Der Sabbat ist eine gesellschaftliche Institution, die politisch durchgesetzt werden muss. Wenn die politische Autonomie verloren geht oder die Verantwortlichen das Recht der Tora aus dem Blick verlieren, ist auch die Sabbatruhe gefährdet. Die Ruhe der Einzelnen ist abhängig von verlässlichen Absprachen. Einzelne, gerade Schwächere, können nur zur Ruhe kommen, wenn gesetzliche Regelungen sie von dem Zwang „Wachsen oder Untergehen" befreien oder vor dem Konflikt „arbeiten oder entlassen werden" schützen. Trotzdem ist der Sabbat laut Psalm 92 eine Quelle von Gegenerfahrungen. Er hat diese Kraft in der Krise nach dem Zusammenbruch der gesellschaftlichen Institutionen 587 v. Chr. auch deshalb, weil er als häusliches Fest gestaltet wurde und so den Verlust des Tempels auffangen konnte. Vielleicht steht er auch beispielhaft für gemeinschaftliche Festzeiten, die in der Krise zum Unterpfand eigener Identität und Vorzeichen einer anderen Wirklichkeit werden – wie unsere Überlieferung es von Jesus erzählt, der während der Pessachfeier sein Lebenswerk in Brot und Wein erkennt und erzählt. Auf jeden Fall ist der Sabbat in der biblischen Überlieferung durch die Erfahrung charakterisiert, dass Fremdherrschaft und Überwältigung eine Grenze gesetzt ist. Er untersteht nicht der Herrschaft irgendwelcher Mächte. Die Sieben-Tage-Struktur mit einer Unterbrechung der Arbeit am siebten Tag ordnet nach biblischem Zeugnis alle Zeit. Der Sabbat unterliegt anders als alle anderen Feste nicht der Herrschaft der Gestirne. Er ist von Mondphasen unabhängig. Er entsteht mit dem Himmel und der Erde. An sechs Arbeitstagen ist Gott mit dem Werden von Himmel und Erde beschäftigt. Am siebten Tag aber ist Gott in seiner Welt und schöpft Atem und vollendet die Schöpfung mit seiner Gegenwart. Ein „ewiger Bund" wird der Sabbat genannt, ein Zeugnis und eine Selbstverpflichtung Gottes, die alle Zeit andauert (2. Mose 31,12–17). Von Grundlegung der Welt ist Gott in dieser Welt unterwegs hin zu einem gemeinschaftlichen Leben, das Menschen und Tiere zu Atem kommen lässt. Auch wenn die staatlichen Institutionen in Trümmern liegen, auch wenn der ferne Gott, in dessen Augen tausend Jahre sind wie ein einziger Tag, vertrauter ist als ein Gott mit Menschen im Bund – der siebte Tag erzählt, dass Zeit und Raum auf Gottes Wohnen in unserer Mitte hin geordnet sind. Die Möglichkeiten, den Ruhetag einzuhalten, waren für die Mütter und Vater unseres Glaubens sicherlich häufig begrenzt. Und doch ist die gemeinsame Zeit an diesem Tag ein Vorzeichen der kommenden Zeit, wenn Gott in Menschen sichtbar und der Tod besiegt ist. Psalm 92 singt davon.

Die Befreiung Gottes

Psalm 91

Zwischen der Klage und den Momenten der Erfüllung spannt sich der Weg des Glaubens. Psalm 91 inszeniert diesen Weg. Der Psalm ist Glaubensschule. Er übt Gottvertrauen ein. Er beginnt mit einer Sprechübung: „Sprich zu der EWIGEN: Mein sicherer Ort und meine Burg, meine Gottheit, auf die ich vertraue" (91,2). Wir sollen die Anrufung Gottes erlernen. Der Rest des Psalms ist Begründung (91,3 ff.). Er malt Rettungsbilder aus. Er erzählt von Schutzengeln, um zu dem geforderten Vertrauen zu ermutigen. Am Ende lässt der Psalm sogar Gott selbst zu Wort kommen und seine Vertrauenswürdigkeit erklären (91,14–16). Psalm 91 gehört zu den im kirchlichen Alltag meist zitierten Texten der Bibel. Ungezählte Tauf- und Konfirmationssprüche sprechen die Verse nach: „Gottes Engel haben den Auftrag, dich auf all deinen Wegen zu behüten, auf den Händen tragen sie dich, damit dein Fuß nicht an einen Stein stoße" (91,11–12). Die Vorstellung, dass Gott seinen Leuten persönliche Schutzengel an die Seite beordert, ist geradezu zu einem Bild für den christlichen Glauben geworden. Sie wird Kindern mit auf den Weg gegeben. Sie sollen auf ihrem Schutzengel vertrauen und dabei vielleicht auch Gottvertrauen lernen.

Die Glaubensschule, in die wir uns mit dem 91. Psalm hineinbegeben, geschieht im Lehrhaus des Mose. Psalm 91 schließt ohne eigene Einleitung oder Überschrift an das Mosegebet in Psalm 90 an. Die Auseinandersetzung mit Mose geht weiter. Für uns, die wir mit einer Lärm- und Textflut leben und Bibeltexte nicht mehr im Gehör haben, ist nicht sofort wahrnehmbar, dass Psalm 91 mit Mose ein Gespräch führt. Doch der Psalm gewinnt seine Bilder im Dialog mit Mose. Er greift Worte und Wendungen aus dem Lied auf, mit dem Mose am Ende der Tora seine Botschaft zusammengefasst hat (5. Mose 32,1–43).

> Mose erzählt von Gottes Handeln gegenüber Israel:
> „Wie ein Adler seinen Horst aufscheucht, über seinen Jungen schwebt, seine <u>Flügel</u> ausbreitet, eines aufnimmt, es auf seiner <u>Schwinge</u> trägt, so hat die EWIGE Jakob geleitet" (5. Mose 32, 11).
> Psalm 91,4 nimmt Moses Bilder auf: „Er schirmt dich mit seiner <u>Schwinge</u>, du birgst dich ihm unter den <u>Flügeln</u>."
>
> Mose erzählt, dass Gottes Fürsorge in Israel zu Hochmut führt. Frucht der Befreiung ist nicht Solidarität, sondern Verehrung von Stärke. Mit schrecklichen Folgen. Gott wendet sich ab und überlässt Waffen und Kriegen das Feld:

„Ich will gegen sie meine Pfeile verschließen … / Sie werden aufgezehrt von Fieber und bitterer Pest" (5. Mose 32,23 f.).
Doch wo Mose die Schrecken beschreibt, sieht Psalm 91,5 f. einen Weg:
„Du musst dich nicht fürchten … vor dem Pfeil, der am Tag fliegt, vor der Pest, die im Dunkeln umherschleicht."

Mit einem Zahlenspiel verdeutlicht das Moselied Israels Ausgeliefertsein:
„Wie könnte einer Tausend jagen, zwei Zehntausend verscheuchen, wenn nicht ihr Fels sie verkauft, die Ewige sie überliefert hätte!" (5. Mose 32,30).
Psalm 91,7 macht aus dem Zahlenspiel Moses ein Hoffnungsbild:
„Mögen Tausend dir zur Seite fallen, zu deiner Rechten Zehntausend, dich trifft es nicht."

Die Bilder des Schreckens im Moselied erinnern an die Zerstörung Jerusalems und die Folgen der militärischen Niederlage: Hunger, Krankheit, Verschleppung, tausende Tote. Psalm 91 kennt die Bilder des Schreckens: Der Pfeil fliegt, die Pest wütet, Tausende fallen. Psalm 91 gehört im Psalter zu den Texten, die die politische Katastrophe verarbeiten. Der Schrecken wird vorausgesetzt. Und doch behauptet er: Dich trifft es nicht. Auch in den Trümmern der Geschichte ist Leben und Geborgenheit möglich.

Für sich genommen, befremden mich die individualisierten Rettungsbilder des Psalms. Besonders Anstoß erregend finde ich die Zusage: „Mögen Tausend dir zur Seite fallen, zu deiner Rechten Zehntausend, dich trifft es nicht" (91,7). Ich glaube nicht, dass Gläubigkeit als Kugelweste einsetzbar ist oder die Krebsvorsorge ersetzt. Christlicher Glaube widert mich an, wenn er wie eine Privatversicherung daherkommt. Die biblische Überlieferung lehrt mich anderes. Der Weg mit Gott führt an die Schmerzpunkte der Welt. Der Psalter selbst ist das beste Beispiel. Die Suche nach Gott führt in den Schmerz über Unrecht, in die Verzweiflung über gescheiterte politische Alternativen und verspielte Chancen von Autonomie und Egalität. Der Glaube, Gottes Zuverlässigkeit wäre eine Glocke, die die Frommen vor dem Schmerz der Welt davonkommen lässt, pervertiert unsere Überlieferung. Deshalb ist es kein Zufall, dass gerade Psalm 91 mit seinen individualisierten Rettungsbildern Jesus zur Versuchung wird. In seinen Lehrjahren, wenn die Machtstrukturen des römischen Imperiums ihm zu Leibe rücken, wird ihm Psalm 91 zur Anfechtung. „Der Teufel nimmt ihn mit in die heilige Stadt, stellt ihn auf die höchste Stelle des Tempels und sagt zu ihm: „Wenn du wirklich Gottes Kind bist, dann wirf dich hinunter; denn es steht in der Schrift: Für dich wird Gott Engel senden; und sie werden dich auf Händen tragen, damit dein Fuß an keinen Stein stößt" (Matthäus 4,5.6). Die Mächte der Welt bekommen das Gesicht eines religiösen Lehrmeisters. Der zeigt mit gewagten Exerzitien einen Weg, im Glauben sicher zu werden. Die Versuchung ist ein privatisierter Glaube. Statt in gemeinsamen politischen Anstrengungen krankmachende Strukturen zu verändern, wird Glaube ein individualisierter Lösungsweg, der sogar den Naturgesetzen trotzt. Diese Versuchung wird größer, je schwieriger die Zeit. Angesichts der vielberedeten Alternativlosigkeit der kapitalistischen Gesellschaft und ihres Zerstörungspotentials ist unter uns etwas davon zu spüren. Mancherorts entsteht der Eindruck, Spiritualität und Glaube hätten in erster Linie eine Entlastungsfunktion. Ihnen ginge es um Stressminimierung, um Optimierung der Leistungsfähigkeit und die Herstellung von Gesundheit. Spiritualität und Glaube werden Gegenstand wissenschaftlicher Untersuchungen, die zeigen, dass religiöse Menschen gesünder sind als andere. Und „seitdem zahlreiche Studien positive Auswirkungen von Religion und Spiritualität auf die mentale Verfassung kranker Menschen, auf ihre Anpassungsfähigkeit und den Bedarf an Schmerzmitteln usw. vermelden, interessieren sich sogar die Krankenkassen dafür".[3]

Die Gefahr der religiösen Individualisierung ist groß und liegt nahe, weil dem Psalm 91 Einzelne vor Augen stehen. Einzelne sollen Wege des Glaubens finden, die es nicht gibt. Seine Adressatinnen und Adressaten werden charakterisiert als Menschen, „die in Gottes Verborgenheit sitzen und im Schatten des Gewaltigen die Nacht durchstehen" (91,2). Frauen und Männer werden angesprochen, die Gott suchen und doch fern von Gottes Licht leben. Gottes Verborgenheit ist ihr täglicher Umgang. Ja, Gott selbst wirft Schatten. Er wird benannt mit dem Gottesnamen „Gewaltiger" (*schaddaj*). Das hebräische Verb „vernichten" klingt in diesem Namen (vgl. Rut 1,20.21). Die Ewige, die Gottheit Israels, die ihre Leute aus der Unterdrückung führt, ist unkenntlich geworden. In dieser Lage übt Psalm 91 die Anrufung des Namens Jhwh, Ewige: „Sprich zu der Ewigen: Mein sicherer Ort und meine Burg, meine Gottheit, auf die ich vertraue" (91,2). Der Psalm lehrt Glauben angesichts der Verborgenheit Gottes.

Mit diesem Vorhaben spricht er mich unmittelbar an, denn er benennt die Herausforderung, vor der Kirchen und Theologie in unserer Zeit stehen. Unser Glauben und Reden zu Gott und von Gott ist von Schweigen überschattet. Die Kirchen haben angesichts der Ermordung von Millionen Juden und Jüdinnen in den deutschen Konzentrationslagern geschwiegen und mit ihnen auch der Gott, den die Kirchen verkündigt haben. Die Folge ist Schweigen. Auch noch Generationen später ist vielen von uns das Beten unmöglich. Niklaus Brantschen beschreibt unsere Lage: „Die bislang geläufige Formel ‚Beten heißt sprechen mit Gott' greift nicht mehr. Das Gespräch verlangt nämlich ein Gegenüber, verlangt Wort und Antwort. Gott aber sehen und hören wir nicht, jedenfalls nicht so, wie wir im alltäglichen Gespräch den Gesprächspartner, die Gesprächspartnerin sehen und hören – und darauf angewiesen sind, dass wir sie sehen und hören. Gott scheint zu schweigen, und so schweigt auch der Mensch."[4]

Wer angesichts des Schweigen Gottes noch ein „Du" im Himmel sucht, gibt sich der Lächerlichkeit preis und dem Schmerz. Denn es wirkt lächerlich und ist schmerzhaft, einem vermeintlichen Gegenüber unsere Not zu erzählen, ohne dass Antwort kommt und Hilfe. Überspringen können wir diese Not nicht. Friedrich-Wilhelm Marquart beginnt deshalb seinen Versuch, nach den Judenmorden im 20. Jahrhundert überhaupt noch von Gott zu reden, mit der Überlegung: „Es könnte sein, dass Gott den Kirchen in Europa heute Wichtigeres zudenkt als die Fortsetzung der unendlichen Reflexion, zu der die abendländische Theologie in ihrer Geschichte geworden ist. Vielleicht, dass er ihr sogar ein Verstummen *inmitten* ihres Redens verordnet, um endlich wieder selbst zu Worte zu kommen – unvermittelt, unversehens, nicht angewiesen auf unsere Übersetzungen, so sein Gericht übend an allzu geölter Geläufigkeit und Geschmeidigkeit unseres Denkens und Schreibens: Nun halt doch mal den Mund."[5] Eine Umkehrbewegung ist nötig, in der der christliche Glaube neu sprechen und glauben lernt. In Psalm 91 entdecken wir den Weg, der vor uns liegt. Wir werden an einen Namen verwiesen – und tatsächlich gehört die Wiederentdeckung des Gottesnamens zu den zentralen Themen der Theologie nach Auschwitz. Gott ist nicht eine Macht, die stumm auf Natur und Menschen einwirkt, sondern Name. Dieser Name bedeutet die Ansprechbarkeit und Unterscheidbarkeit Gottes. Mit seinem Namen sagt Gott über sich: ich will euch ein Gegenüber sein, ein „Du", eine Gesprächspartnerin will ich sein. Ich will von anderen Mächten, die in dieser Welt wirken, unterschieden werden. Nicht eine Kraft, die alles wirkt und alles schafft, ist Israels Gottheit, sondern Stimme. Eine Gegenstimme gegen Gewalt kommt in der Bibel zu Gehör. In der Begegnung mit Menschen werden wir ihrer gewahr. Psalm 91 malt ihre Kraft in vielen Bildern aus: „Sie rettet dich vor dem Pfeil, der am Tag fliegt, vor der Pest, die im Dunkeln umherschleicht." Weil die Bilder das Moselied als

Hintergrundmelodie mitklingen lassen, bleibt Gottes Ekel über unsere Verantwortungslosigkeit im Raum. „Pfeil" und „Pest" bebildern den Rückzug Gottes, der unserem Schweigen folgt, mit dem wir Menschen und Kreatur ihrem Leid überlassen. Gottes „Halt den Mund" bleibt hörbar. Im Zusammenklang mit dem Moselied erklären die Bilder der Rettung den Gottesnamen. Gott interveniert gegen sein eigenes Schweigen. In Gott ist die Liebe zu den Menschen stärker als sein Nein gegen ihr Unrecht. Auch ist sein Bedürfnis nach unserer Liebe größer als sein Ekel vor unserem Geplapper. In dieser Hoffnung müssen sich Einzelne aufmachen und Wege gehen, die es nicht gibt: Bitten um die Heilung einer todkranken Freundin, auch wenn sie wissen, dass Gott nicht eingreift. Gottesdienst feiern, auch wenn Gott sich von uns zurückgezogen hat. Sich den Tatsachen nicht beugen, auch wenn wir sie nicht ändern können. Psalm 91 zeichnet diesen Weg in Bildern: „Du wirst über Löwen und Otter gehen, auf Löwen und Drachen kannst du treten" (91,13). Und er malt eine Veränderung aus, die unterwegs geschieht. Die Gottheit, die zunächst ferne und verborgen ist, ergreift das Wort und tritt aus der Verborgenheit heraus:

> Ja, er hat sich mir verbunden,
> ich werde ihn entkommen lassen.
> Sie kennt meinen Namen,
> ich werde sie erretten.
> Allen, die nach mir schreien, werde ich antworten.
> Ich bin bei ihnen in der Bedrängnis.
> Ich schnüre sie los und verleihe ihnen Würde.
> Mit einem langen Leben will ich sie sättigen,
> lasse sie meine Befreiung sehen.
> (Psalm 91,14–16)

Gottes Position verändert sich. Jetzt ist Gott mit denen, die ihn suchen, „in der Bedrängnis" (91,15). Dort wird die Stimme, die zum aufrechten Gang ruft, erfahrbar, und wir ahnen, dass sie stärker ist als Gewalt. Die Frauen und Männer, die sich dem Namen anvertrauen, finden die unantastbare Würde der Menschen (91,15). Diese Errettung der Menschen befreit Israels Gottheit aus ihrer Verborgenheit. Der Psalm endet mit dieser Vision der Befreiung Gottes (91,16). Offenbar braucht Gott diese Leute, die sich in die Glaubensschule des Psalms begeben. Ihr Vertrauen holt Gott aus seiner Verfinsterung heraus. Sie werden zu Zeichen, dass für uns alle der Tag kommen wird, an dem wir nicht mehr ins Leere rufen.

1 Gerald Henry Wilson, The Editing of the Hebrew Psalter (SBL, Diss Ser 76), Chico CA 1985, 215.

2 Ernst-Joachim Waschke, Auferstehung. Altes Testament, in: Religion in Geschichte und Gegenwart (RGG) 4. Auflage, Tübingen 1998, 915–916, 915.

3 Andreas und Birgit Heller, Spiritualität und Spiritual Care, in: Junge Kirche 4/2011, 6–9, 8.

4 Michael Seitlinger u. a. (Hg.), Wie Zen mein Christsein verändert. Erfahrungen von Zen-Lehrern, Freiburg, Basel, Wien 2004, 24.

5 Friedrich-Wilhelm Marquart, Von Elend und Heimsuchung der Theologie. Prolegomena zur Dogmatik, München 1988, 7.

7. Ein Recht für alle

Psalm 93–100

Sprechblasen sind ein Stilmerkmal des modernen Comic-Strip. Würden wir sie zur Darstellung biblischer Literatur verwenden, wären die Psalmen 93–100 eine Sprechblase des Sabbatpsalms 92. Menschen, die am Sabbat den aufrechten Gang wiederfinden und singen können „Du bist erhaben in Weltzeit, Ewige" (Psalm 92,9), bekommen eine Textblase, die Gottes Reich und Herrlichkeit ausmalt. Das Oratorium vom Weltkönigtum Gottes hat Erich Zenger die Psalmen 93–100 genannt. Der Satz „Die Ewige ist König geworden" durchzieht das gesamte Oratorium (93,1; 96,19; 97,1; 99,1). Die Königsherrschaft des Gottes Israels wird proklamiert. Menschen träumen davon, dass Israels Gott sich gegen alle anderen Mächte und Gewalten, die das Gottesamt beanspruchen, durchzusetzen weiß. Sie verkünden: „Ja, eine große Gottheit ist die Ewige, ein großer König über allen Gottheiten" (Psalm 95,4).

In den Psalmen 93–100 wird eine Gottesvorstellung entfaltet, die wir Monotheismus (der Glaube an nur einen Gott) nennen. Zunächst sind die Bilder noch von einer Jhwh-Monolatrie (Alleinverehrung) geprägt, d. h. unter der Voraussetzung der Existenz anderer Götter und Göttinnen wird um die Alleinverehrung des Ewigen in Israel gerungen. Tatsächlich ist es heute unter den Gelehrten unstrittig, dass der Gottglaube Israels nicht von Anfang an monotheistisch genannt werden kann, vielmehr andere Götter und Göttinnen auch innerhalb Israels neben Jhwh gekannt und zum Teil verehrt wurden. Doch die Vision der Psalmen 93–100 läuft auf Monotheismus hinaus: Die Erkenntnis, dass die anderen Mächte und Gewalten gar keine Gottheiten sind. So soll es Israel laut Psalm 96 unter den Völkern bezeugen. Es soll erzählen, dass „die Ewige groß ist, aber alle Gottheiten der Völker ohnmächtige Götzen sind" (Psalm 96,5). Diese Botschaft, die die Völker von Israel zu hören bekommen, sollen am Ende alle Völker bejahen. So endet das Oratorium in Psalm 100 mit dem Aufruf zur universellen Anerkenntnis der Gottheit Israels: „Erkennt, dass nur die Ewige Gott ist" (100,1). Hier wird ein universeller Anspruch formuliert, der noch immer in unseren Gottesdiensten tradiert wird, zum Beispiel in dem Lied, das Psalm 100 vertont: „Nun jauchzt dem Herren, alle Welt! Kommt her, zu seinem Dienst euch stellt … Erkennt, dass Gott ist unser Herr!" (EG 288). Wir rufen alle Welt auf, zu kommen und zu erkennen, dass unser Gott der Herr der ganzen Erde ist.

Der Monotheismus, den diese Psalmen entwickeln, der der Einen Gottheit Israels allein das Gott-Sein zuerkennt, hat mit seinem Absolutheitsanspruch unsere Glaubensüberlieferung geprägt. Wir beten im zentralen Gebet der Christenheit, dass endlich geschehe, was diese Psalmen erträumen: dass das Königreich Gottes komme und die Eine ihre Macht auf dieser Erde durchsetze. Auch existenziell gehört für mich diese Erwartung ins Zentrum unseres Glaubens: Unser Gott möge erweisen, dass er sein Recht auf dieser Erde durchzusetzen vermag! Zugleich gibt es unter Christinnen und Christen ein Bedürfnis nach Pluralismus im Bereich der Religionen. Für Menschen am Rande der Kirche, unter denen, die Spiritualität suchen, gehört die Überzeugung, dass viele Wege zur Wahrheit führen, zum Grundbekenntnis. Hier existiert eine große Bereitschaft, mit anderen Erfahrungen zu experimentieren und die andere Perspektive selbst einzunehmen. Und auch im Zentrum der Kirche wird an vielen Orten das interreligiöse Gespräch eingeübt und mit Interesse erfragt, wie andere ihr Eigenes beschreiben. Wie aber können wir ehrlichen Herzens den Dialog mit Frauen und Männern anderer Religionsgemeinschaften suchen und uns für eine Kultur der Toleranz engagieren und gleichzeitig den universalen Anspruch unserer Überlieferung tradieren? Zumal der Monotheismus immer wieder zu einer Ideologie verkommen ist, mit der Menschen unter dem Deckmantel von Gottes Machtanspruch selbst Macht beanspruchen. Seit den siebziger Jahren sind christliche Theologen und Theologinnen aufgetreten, „die auf den faktischen Zusammenhang zwischen der Gewaltgeschichte des Christentums und seinem Absolutheitsanspruch hinweisen, die eingestehen, dass die Geschichte der Wahrheit des einen Gottes der Christen zugleich die Geschichte einer Religion der Sieger ist, der immer wieder Menschen zum Opfer gefallen sind. Dies gilt", so betont Marie-Theres Wacker, „insbesondere für das Verhältnis des Christentums zum Judentum, obwohl der trinitarische Glaube der Christen doch bekennt, von der jüdischen Wurzel getragen zu sein."[1]

Einen Zugang zu dem vielfach gewaltverdächtigen Monotheismus hat mir das Tagebuch von Abel Herzberg eröffnet. In der Zeit von August 1944 bis April 1945 versucht Abel Herzberg im Konzentrationslager Bergen-Belsen das Entsetzen zu reflektieren, das der Judenheit Europas in seiner Zeit widerfährt. Der Monotheismus spielt in seinen Überlegungen eine große Rolle. Er sieht im Monotheismus einen Grund für den Hass, mit dem der Nationalsozialismus die Juden und Jüdinnen verfolgt. Die Bedeutung des Monotheismus ist laut Abel Herzberg die Setzung eines Rechtes für alle. Denn der Monotheismus behauptet, „dass es nur einen einzigen gibt, einen einzigen, der das Sein und das Werden bestimmt und dem jeder und alles Verantwortung schuldet .... ‚Gott ist Einer' ist daher identisch mit der Forderung nach einer einzigen Ethik."[2] Diese Ethik ruft Hass hervor. Abel Herzberg benutzt den Begriff Polytheismus – Glauben an eine Vielzahl von Gottheiten –, um den Hintergrund für diesen Hass zu beschreiben. Er spricht von einem „polytheistischen Menschen" und charakterisiert ihn mit den Worten: „Für ihn sind Sein und Werden ein ewiger Kampf zwischen Macht und Macht, Mächten, die im Prinzip in unbegrenzter Anzahl existieren. Und was ist letztendlich Sitte und Recht? Die Macht, die siegt. Wer der stärkste ist und dies zu beweisen vermag, der hat recht. Und wer die Herrschaft zu erobern versteht, hat auch das Recht dazu. Für den polytheistischen Menschen gibt es kein größeres Hindernis als die Frage, die ihm der Monotheist stellt: ‚Ist es erlaubt?' Er verlangt danach, sich auszuleben, den in ihm aufkommenden Trieben freien Lauf zu lassen, sich mit dem Mitmenschen zu messen, an ihm die Herrlichkeit seiner Stärke zu erproben, und dabei hasst er nicht den Mitmenschen, der ihm mit derselben Absicht entgegentritt und mit dem er sich messen kann, sondern er hasst den Mitmenschen, der die unbegreifliche, peinigende Frage stellt: ‚Kain, Kain, wo ist dein Bruder Abel?'" (79).

Abel Herzberg spricht aus der Perspektive des ermordeten Abels. Vom Blickpunkt Abels aus gesehen, ist die Stimme, die Kain zur Verantwortung ruft, überlebensnotwendig. Herzberg entzaubert die Idee, Polytheismus stünde für Pluralität, Toleranz und Freiheit. Dem Ideal von einer Pluralität der Einzelnen, die sich selbst verwirklichen und im freien Spiel der gesellschaftlichen Kräfte ihr eigenes Glück schmieden, steht eine Stimme entgegen, die Solidarität mit den Entrechteten verlangt. Monotheismus ist Widerspruch gegen das Recht des Stärkeren, Entgötterung des Daseinskampfes, Einspruch gegen die heimliche oder offene Verehrung von Selektionsprozessen. Herzbergs Überlegungen befremden, weil er die religionssoziologischen Begriffe Monotheismus und Polytheismus zur Beschreibung von Verhaltensweisen verwendet, die nicht einer Religion zugeordnet werden können. Ob einer monotheistisch oder polytheistisch denkt, entscheidet sich nicht an seiner Religionszugehörigkeit, sondern an seiner Ethik. Monotheismus wird nicht als das Privileg einer bestimmten Religion verstanden, sondern als Kritik am Survival of the Fittest. Als diese Kritik entwickelt der Monotheismus seine Sprengkraft auch für gegenwärtige Auseinandersetzungen. Die religiöse Dimension des Wirtschaftsliberalismus, der behauptet, dass am Ende alle verdienen, wenn jeder zuerst an sich denkt, findet einen Namen. Der Monotheismus kritisiert das Götterpantheon der Freien-Markt-Gläubigen. Ihr Gott ist der geheime Mechanismus, der angeblich die Gier der Einzelnen zum Wohle aller koordiniert. Es überrascht daher nicht, dass unter neurechten Positionen auch ausdrückliche Monotheismuskritik laut wurde. Beispielsweise greift Alain de Benoist in dem Buch „Heide sein" den „jüdisch-christlichen Monotheismus" an, denn die Bibel sei „in erster Linie ein Sittenbuch, ein Buch, in dem eine bestimmt Ethik ausgedrückt wird".[3] Eine schreckliche Krankheit sieht er in dieser Ethik, „weil sie der Welt ein Gesetz aufzwingt, dessen Quellen außerhalb der Welt sind; weil sie das Leben entfremdet und seine Verwirklichung verhindert; weil sie Strebekraft und schöpferische Energie zerstört, indem sie diese ständigen Einschränkungen unterwirft" (100).

Gelehrte, die in Auseinandersetzung mit den biblischen Schriften Israels Weg zum Monotheismus nachzeichnen, bestätigen die Überlegungen Abel Herzbergs: Kern des biblischen Monotheismus ist die Absage an das Recht es Stärkeren. „Den für die Genese des biblischen Monotheismus entscheidenden ‚Quantensprung' lösten die 586 v. Chr. geschehene Zerstörung des JHWH-Tempels, die Exilierung der politischen-kultischen Oberschicht nach Babylon und das Ende der politischen Selbständigkeit Israels aus", beschreibt Erich Zenger die Entwicklung Israels zum Monotheismus.[4] Die Krise provozierte die Frage, ob die Niederlage als Machterweis der Götter und Göttinnen der Siegermächte verstanden werden und der Gott Israels sich nun als untergeordneter Nationalgott in das Götterpantheon der Sieger einordnen musste. Wollte Israel in dieser Krise an seinem Gott festhalten, musste die Logik des Krieges, die nur Sieger und Besiegte kennt, überwunden werden. Die kleine Psalmenkomposition 93–100 entwickelt diesen Monotheismus, der Widerstandstheologie ist. Ihr Kontext ist die verzweifelte Klage über die Zerstörung Jerusalems, in die die Betenden durch Psalm 89 hineingeführt werden: Die Hoffnung auf gutes, friedliches Leben auf diesem Planeten ist eine leere Illusion – das ist von Israels Geschichte übrig geblieben. Während die Fundamente des gemeinschaftlichen Lebens geschleift werden, die Sieger ihr Recht setzen und Geschichte machen, erzählen Frauen und Männer in den Psalmen 93–100, dass die Welt von dem Ewigen auf guten Fundamenten fest gegründet wurde. „Sie wankt nicht" (93,1). Damit setzt das Oratorium von Gottes Weltkönigtum in Psalm 93 ein. Der siegreichen Macht ist eine Grenze gesetzt. Die Bestimmung der Welt als Lebensort aller Menschen bleibt unumstößlich wie der Königsthron Gottes.

Der Monotheismus, den die Psalmen 93–100 entwickeln, ist Widerstand gegen eine Sprache der Macht, mit der die Mächtigen „unverschämt daherreden". „Dein Volk, EWIGE, zertreten sie und dein Eigentum bedrücken sie. Witwen und Fremde erschlagen sie und Waisen ermorden sie. Und sagen: Gott sieht es nicht. Die Gottheit Jakobs achtet nicht darauf!" (94,3.4). Auf der Seite der Gewinner werden unverblümt Konsequenzen aus der Geschichte gezogen: Jede/r muss zusehen, wo er, wo sie bleibt. Und wer sich im freien Spiel der Kräfte nicht zu behaupten weiß, hat selber Schuld (94,21). Eine Gottheit, der alle Verantwortung schulden, ist nicht im Blickfeld.

Demgegenüber rufen die folgenden Psalmen 95–100 Israel und die Völker auf, die Macht dieser Einen, der alle Verantwortung schulden, zu besingen. Die Macht, um die es dabei geht, wird in einem wunderbaren Satz zusammengefasst: „Die Macht des Königs ist, dass er das Recht liebt" (99,4). Die Erfahrung, die Israel als Ursprung seiner Gottesbeziehung überliefert, wird hier zusammengefasst: Die EWIGE hat die Freiheit, die sie Israel mit dem Auszug aus der Sklaverei erworben hat, dem Recht anvertraut. Der Gott, der sich selbst mit den Worten vorstellt: „Ich bin die EWIGE, dein Gott, die dich befreit hat aus dem Sklavenhaus, aus Ägypten" (2. Mose 20,1), lehrt Grundrechte, die der Freiheit im Alltag eine Gestalt geben. Dieses Engagement für Grundrechte wird sich am Ende als durchsetzungsfähiger erweisen als alle Gewalt – darum geht es dem Bekenntnis zu der Einen, die alleine Gott ist. Nicht eine Religion soll sich gegen andere als wahr, sondern das Recht als unteilbar erweisen. Die Logik von Krieg und Gewalt wird bestritten: die Teilung der Welt in Oben und Unten, Sieger und Besiegte, wir und die anderen. In Psalm 100, der das Oratorium von der Königsherrschaft Gottes abschließt, wird die Konsequenz mit Blick auf Israel und die Völker formuliert: „Jubelt laut! Jubele der EWIGEN zu, du ganze Erde! Dient der EWIGEN voller Freude, kommt vor ihr Angesicht mit Jubelgeschrei! Erkennt: die EWIGE, nur sie ist Gott. Sie hat uns gemacht – ihr gehören wir. Ihr Volk sind wir, die Herde ihrer Weide" (100,1–3). Hier erklingen die bekannten Worte, die Israels Gottesverhältnis als Bundesverhältnis beschreiben. In Psalm 95 waren sie zu hören. Dort hieß es: „Er ist unser Gott, wir sind das Volk seiner Weide, die Herde seiner Hand" (95,7). Diese Worte, die Israels intimes Verhältnis zu Gott ausmalen, werden den Völkern in den Mund gelegt. Sie stimmen ein, nennen sich Volk Gottes. Israels Gott ist nicht nur „unser Gott" (Psalm 95,6), sondern der eine Gott aller Völker. Er hat die Völker erschaffen, um mit ihnen diese Welt zu gestalten. Das monotheistische Bekenntnis „nur der EWIGE ist Gott" verabschiedet die Teilung der Welt in Sieger und Besiegte. Seine umstürzlerische Kraft macht aber auch vor den eigenen Identitätsbildern nicht Halt. Identität, die in der Trennung „wir und die anderen" gründet, gerät in die Kritik. Israel hat im Widerstand gegen die Logik des Schlachtfeldes einen Universalismus entwickelt, der „die anderen" mit denkt. Israels Bekenntnis zu der Einen, die einzig Gott ist, ist ein Bekenntnis zur Vielgestalt des Lebendigen. Das Bekenntnis „die EWIGE ist die einzige Eine" (5. Mose 6,4) heißt im Rückschluss, dass wir in Vielfalt existieren. Nicht-Einheit, Vielfalt kennzeichnet alles Leben im Gegenüber zu der, die einzig Einheit ist. Recht verstanden, ist deshalb die Gottesbeziehung im Monotheismus keine Zweierbeziehung und auch kein Privileg einer bestimmten Gruppe. Der Weg zu dem einen Gott führt vielmehr über die Beziehung zu der oder dem Anderen mir gegenüber, und das Bekenntnis zu der Einen mündet im Engagement für eine Gesellschaft, in der verschiedene Religionen Platz haben und Menschen, die anders sind, in Freiheit leben können.

1 Marie-Theres Wacker, Feministisch-theologische Blicke auf die neuere Monotheismus-Diskussion. Anstöße und Fragen, in: dies. u. a. (Hg.in), Der eine Gott und die Göttin. Gottesvorstellungen des biblischen Israel im Horizont feministischer Theologie (Quaestiones Disputatae 135), Freiburg u. a. 1991, 17–48 28.

2 Abel J. Herzberg, Zweistromland. Tagebuch aus Bergen-Belsen (Gedenken 1), Wittingen 1997, 78 f.

3 Alain de Benoist, Heide sein. Zu einem neuen Anfang. Die europäische Glaubensalternative, Tübingen 1982, 98.

4 Erich Zenger, Der Monotheismus Israels. Entstehung – Profil – Relevanz, in: Thomas Söding (Hg.), Ist der Glaube Feind der Freiheit? Die neue Debatte um den Monotheismus (Quaestiones Disputatae 196), Freiburg u. a. 2003, 9–52, 44.

8. Es wird Zeit
Psalm 101–104

Unsere Hoffnung auf das Reich Gottes ist häufig von einem unversöhnlichen Gegensatz zwischen Gott und Menschen geprägt. Ich erlebe immer wieder, dass Gespräche daran scheitern. Wenn die Sprache darauf kommt, dass menschliches Tun für Gott und das Kommen seines Reiches von Bedeutung ist, verbaut eine strikte Trennung von Gott und Menschen die Verständigung. Sofort ist der Verdacht im Raum, Menschen würden sich Gottes Rolle anmaßen. Psalm 101 berührt diesen wunden Punkt. Das Oratorium vom Reich Gottes (Psalm 93–100) hat die Erwartung geweckt, dass Gott kommt, doch stattdessen kommt David.

Die Thronrede
Psalm 101

Psalm 101
1 Für David, ein Psalm.

Von Solidarität und Gerechtigkeit will ich singen,
will für dich, Ewige, musizieren.
2 Ich will auf den Weg der Integren bedacht sein –
wann kommst du auf mich zu?

Ich ergehe mich in der Integrität meines Herzens
im Innern meines Hauses,
3 ruchlose Rede stelle ich mir nicht vor die Augen.
Verkehrtes Tun hasse ich,
es darf sich nicht an mich kleben.
4 Ein verkrümmtes Herz muss von mir weichen,
Böses will ich nicht kennen.
5 Wer seine Nächsten heimlich verleumdet –
den bringe ich zum Schweigen,
hochfahrende Augen, ein geschwollenes Herz
– das dulde ich nicht.

6 Mein Augenmerk gilt den Getreuen des Landes,
sie sollen um mich sein.

Wer auf dem Wege der Integren geht,
der ist bei mir verbeamtet.
7 Im Innern meines Hauses gibt es keinen Platz für Betrügereien,
Verlogene können vor meinen Augen nicht bestehen.
8 Morgendlich bringe ich zum Schweigen
alle Gewalttätigen des Landes,
zu tilgen aus der Stadt der EWIGEN
alle die Unrecht tun.

Psalm 101 gehört zu den Davidpsalmen. „Für David, ein Psalm", lautet seine Überschrift. Nach der Klage über das Ende der Daviddynastie in Psalm 89 ist David plötzlich wieder da. Und auch die Reihe der so genannten Königspsalmen wird fortgesetzt. Psalm 101 wird dieser Gruppe von Psalmen zugerechnet, die von einer königlichen Herrscherfigur handeln. Die Gelehrten sehen ein „Dilemma" – so z. B. Egbert Ballhorn: „Damit tut sich die Frage auf: Kann hier wirklich ein König über Israel ins Spiel kommen, wo die vorigen Psalmen mit solcher Macht das Königtum Gottes verkündet haben? ... Gott selber stellt sein Reich her; der Ort, an dem die Gottesnähe erfahren werden kann, ist der Tempel. ... Die JHWH-Königspsalmen (lassen) keinerlei Raum für einen menschlichen Herrscher."[1] In den Fragen und der Auslegung kehrt die Trennung von Gott und Menschen wieder. Gottes Reich ist Gottes Sache, Menschen haben darauf keinen Einfluss. Nur Jesus nehmen wir selbstverständlich von diesem Entweder-Oder aus. Wenn er verkündigt, dass „das Reich Gottes nahe herbeigekommen ist" (Matthaus 4,17), sehen wir ihn selbst, der Kranke heilt und Besessene befreit. Das Dilemma, dass ein Mensch das Gottesreich nahe bringt, lösen wir auf, indem wir Jesus zum Gott machen – als könnten wir es nicht aushalten, dass Gott und Menschen gegenseitig aufeinander angewiesen sind.

Die Hoffnung auf Zeichen des Gottesreiches, die die Psalmen 93–100 mit der Feier des einen Rechts für alle geschürt haben, richtet den Blick nicht auf Gott, sondern auf Menschen. Leute, die politische Verantwortung übernehmen, kommen ins Visier. In Gestalt Davids tauchen sie auf. Frauen und Männer, die Psalm 101 beten, lassen einen David erstehen, der über Stadt und Umland Jerusalems herrscht. Psalm 101 ist eine Art Regierungserklärung. Es geht um die Lebensführung eines Regenten. Er verspricht, sich krummer Geschäfte und Intrigen zu verweigern (101,2b–5). Auch seine Amtsführung ist Thema. Er verpflichtet sich auf Richtlinien für politische Arbeit. Dazu gehört Korruptionskontrolle. Beamte werden auf Zuverlässigkeit überprüft und Verleumdung nicht geduldet (101,6–8). So will die Regierung für die Hoffnung einstehen, die die Psalmen 93–100 mit Gottes Reich verbunden haben, und „alle Gewalttätigen im Land zum Schweigen bringen“ (101,8, vgl. Psalm 94,23).

Selbstverständlich kennt auch die biblische Literatur die Gefahr menschlicher Gottesanmaßung. Menschen, die sein wollen wie Gott, zerstören die menschliche Gemeinschaft. Doch die Konsequenz ist nicht Angst um Gott, sondern Angst um die Mitmenschen. Nicht die Gegenseitigkeit im Verhältnis zu Gott wird beendet, weil sie für Gott zu bedrohlich ist, sondern die Gegenseitigkeit im Verhältnis der Menschen untereinander wird durch Gesetze beschützt. Zu diesen gesetzlichen Interventionen, die die Gottesanmaßung Einzelner verhindern sollen, gehört die Gewaltenteilung. Der König untersteht dem Recht. In Psalm 101 ordnet er sich öffentlich ein unter Recht und Sitte. Beides kennzeichnet den „Weg der Integrität“. Diese Unterordnung des Königs unter das Gesetz ist allen Königspsalmen gemeinsam und unterscheidet sie von der so genannten altorientalischen Königsideologie. Die altorientalische Vorstellung vom König als Sohn und Bild Gottes sah ihn mit der göttlichen Autorität ausgestattet, Gesetze zu erlassen. Der Kodes Hammurapi, eine Sammlung von Rechtssprüchen aus dem 18. Jahrhundert v. Chr., formuliert diese klassische Position des Königs: „Als Marduk mich beauftragte, die Menschen zu leiten und dem Lande Sitte angedeihen zu lassen, legte ich Recht und Gerechtigkeit in den Mund des Landes und trug Sorge für das Wohlergehen der Menschen. Damals gab ich folgende Gesetze …“[2] Der König setzt Recht. Vermutlich und historisch wahrscheinlich sind auch in Israel Rechtssätze so entstanden, doch es wird anders erzählt. Recht wird in den fünf Büchern Mose im Gewand der Reden Moses überliefert, in denen Mose Gottes Weisung weitergibt. Alle politischen und geistlichen Autoritäten werden an diese Weisung gebunden, die sich als verfassungsrechtliche Grundlage der israelitischen Gesellschaft beschreiben lässt (5. Mose 16,18–18,22). Recht versteht sich in Israel als vor dem Staat entstanden und also auch über den Staat gesetzt. Das Recht ist staatlicher und religiöser Verfügbarkeit entzogen. Die Königspsalmen spiegeln diese Überzeugung. Gott legt das Recht in den Mund seiner Leute. Der Regent wird Gottessohn im „Heute“, wenn er Gottes Stimme hört (Psalm 2,7). Die Regierung muss über die Richtlinien ihrer politischen Arbeit Rechenschaft ablegen (Psalm 101).

Diese Trennung zwischen allgemeinen Grundrechten in der Tora und aktueller Rechtsordnung, die die prophetische Literatur diskutiert, betrifft nicht nur die politisch Verantwortlichen. Sie begrenzt auch Mose. Gerechtigkeit lässt sich nicht exekutieren. Sie bedarf der Auseinandersetzung der unterschiedlichen gesellschaftlichen Gruppen. Die bittere Lehre aus den Erfahrungen mit den sozialistischen Staaten des 20. Jahrhunderts haben auch unsere Mütter und Väter im Glauben im Laufe ihrer Geschichte gezogen und sie in der Bibel verankert. Wer eine Utopie durchsetzen will, zerstört sie. Deshalb ist und bleibt Mose der Visionär. Die Rechtsammlung in den fünf Büchern Mose wird der Entstehung und Geschichte des Staates vorgeordnet. Sie endet außerhalb des bewohnten Landes. Mose stirbt mit der Abraham gegebenen Verheißung in den Ohren und der Vision des ganzen Landes vor Augen, aber er führt das Volk nicht ins verheißene Land (5. Mose 34,1–5). Das Recht, das die Mosebücher überliefern, ist Richtschnur und Diskussionsgrundlage. Es schafft im Nebeneinander durchaus kontroverser Gesetze einen utopischen Raum. Der Weg dahin muss im Gespräch der unterschiedlichen gesellschaftlichen Gruppierungen und in Auseinandersetzungen mit den Herausforderungen der jeweiligen Gegenwart immer neu gesucht werden. Deshalb kann Mose David nicht ablösen. Das ist für das Verständnis von Psalm 101 grundlegend. Nach der Klage über den Untergang der Daviddynastie war Mose aufgetreten. Spekulationen über eine Amtsübernahme sind die Folge. „Die Gestalt Davids spielt keine Rolle mehr", behauptet Egbert Ballhorn.[3] Er vermutet, dass nach dem Niedergang der Daviddynastie „das Davidkonzept als nicht mehr erfolgversprechend angesehen" wurde. Mose würde an Davids Stelle gesetzt, denn er könnte „ebenso gut wie David die Rolle des göttlich legitimierten Vorbeters übernehmen" (Ballhorn 85). Doch wir tragen das Religionsverständnis individualisierter Konkurrentinnen und Konkurrenten in die Bibel ein, wenn wir in Mose einen Konkurrenten Davids sehen. Ihr Nebeneinander gehört zu den Grundlagen biblischer Theologie. Es hat der gesamten Bibel ihre Gestalt gegeben. Der jüdische Schriftsteller Edmond Fleg (1874–1963) erdichtet eine Auseinandersetzung zwischen Gott und Mose an der Grenze des verheißenen Landes, in der Gott die Folgen einer möglichen Amtsübernahme aufzeigt: „Der Ewige sprach zu Moses: ‚Ich habe allen Sterblichen den Tod bestimmt, Israel allein habe ich das Leben bestimmt, auf dass der Mensch lebe, auf dass der Messias lebe. Ich kann, wenn du willst, meine Bestimmung ändern: du wirst nicht sterben, aber Israel wird sterben; die Zeit wird für dich stille stehen, du wirst ewig sein, aber der Messias wird nicht geboren werden.' Und Moses erwiderte dem Herrn: ‚Du bist ein Gott der Milde, König der Welt, möge der Messias kommen und der Mensch leben; möge Israel leben und ich zugrunde gehen!'"[4] Wenn die Mosetora zu ewigen Wahrheiten wird, zerstört sie ihr Ziel: ein Leben in Gerechtigkeit anzuleiten. Um die Autorität der gesamten Bibel geht es bei diesem Gespräch über die Endlichkeit Moses und seiner Tora. Im Widerspruch gegen Fundamentalismus und Buchstabengläubigkeit wird über ihre Geltung nachgedacht. Verbindlichkeit entsteht nicht durch ewige Wahrheiten. Verbindlichkeit entsteht, weil wir mit einem heimatfremden, wandernden Volk verbunden werden. Weisung einer Praxis wird uns gegeben, in der ein Land, das noch nicht da ist, Raum gewinnt.[5] Wer Tora lernt, lernt utopische Ausdrucksformen, die auf eine politische Alternative verweisen, die bis jetzt noch nicht erfahrbar ist. Deshalb ist David nötig, gerade wo – wie im vierten Psalmenbuch – über die Bedeutung Moses nachgedacht wird. Die Suche nach dem Land, wo Freiheit und Gerechtigkeit zusammengehen, geht weiter. Das Vorhaben, Intrigen, Lügen, Gier und Verleumdung aus dem Geschäft der Politik zu verbannen, bleibt Wagnis. Der Psalm 101 weiß um die Gefährdung dieses Vorhabens. Er setzt mit dem Versprechen ein: Von Solidarität und Gerechtigkeit will ich singen, will für dich, EWIGE, musizieren. Ich will auf den Weg der Integren bedacht sein!" (101,1–2a). Doch diese Selbstaufforderung bricht ab und wird zur bangen Frage: „Wann kommst du auf mich zu?" (101,2b). Die Frage hat die Realität im Blick, in der Möglichkeiten, mit den guten Vorsätzen Politik zu machen, begrenzt sind. Die Suche nach politischer Integrität steht unter dem Vorbehalt fraglicher Realisierbarkeit. Das Versprechen, Gewalttätige zum Schweigen zu bringen und Gewaltfreiheit durchzusetzen, bleibt Utopie. Es beschreibt einen Weg, den es nicht gibt, solange Gott sich verzieht.

Staub und Steine
Psalm 102

Psalm 102 sieht eine Zeitenwende unmittelbar bevorstehen. Gott wird sich über Jerusalem erbarmen und das Elend der Stadt wenden. Der Psalm spricht Gottesgewissheit aus, doch ihm vor Augen stehen Menschen, die sich mit Trümmern beschäftigen. Menschliches Engagement wird in Psalm 102 zu einer Zeitansage für Gott: „Es ist Zeit, sich zu erbarmen, ja, der Zeitpunkt ist gekommen, denn deine Leute haben an Zions Steinen Gefallen, sie erbarmen sich über seine Trümmer" (102,14–15).

Schutthaufen gehören zur Landschaft im nachexilischen Juda. Die babylonischen Truppen hatten Siedlungen und Städte geschleift, Jerusalem und der Tempel lagen in Trümmern. Als 70 Jahre nach diesem babylonischen Zerstörungswerk die Perser die Vorherrschaft in der

Provinz Syrien-Palästina übernahmen, kam die Chance für einen Neubeginn. Etliche kehrten zurück aus dem Exil. Frauen und Männer aus dem ganzen Land und der Diaspora haben ihre Arbeitszeit und ihr Geld für den Wiederaufbau gegeben (Sacharia 6,10 f.; Nehemia 3 f.). Die Trümmerfrauen, Bauleute und Sponsoren sind von Widerständen und ökonomischer Not umgeben. So ist auch in Psalm 102 die Rede von der Zeitenwende in ein Klagegebet eingebettet. Psalm 102 beginnt mit einer Klage (2–12) und kehrt nach dem Abschnitt über die kommende Zeit (13–23) zur Klage zurück (24–29). „Gebet für einen zu Boden gedrückten Menschen, wenn er schwach ist und vor dem EINEN seine Sorge ausschüttet" wird das Ganze genannt (102,1). Die Not wird in diesem Psalm aus der Perspektive einer Einzelperson geschildert. Appetitlosigkeit, Abmagerung, physischer und psychischer Verfall und soziale Vereinsamung werden beschrieben. Im Hintergrund wird ein verwüstetes Land sichtbar: Rauch, der sich verzieht; Trümmer, die den Vögeln einen Nistplatz bieten. Einzelne erleben den Hohn, der der Niederlage folgte und den Neuanfang begleitete. Dieser Hohn kristallisierte sich – so geht aus dem Buch Nehemia hervor – an der Qualität der Steine, die für den Wiederaufbau zur Verfügung standen. Sie spotten: „Was machen die erbärmlichen Judäerinnen und Judäer? Werden sie die Steine aus dem Schutthaufen wieder zum Leben bringen, die doch verbrannt sind?" (Nehemia 3,34).

Aus verkohlten, beschädigten Steinen muss das Land wieder aufgebaut werden. Doch weder das schlechte Baumaterial noch der Spott, weder die politischen Intrigen noch die ökonomische Not, von der alle biblischen Schriften jener Zeit berichten, konnten die Neukonstituierung einer jüdischen Gemeinschaft verhindern. Der Tempel wurde wieder errichtet und konnte 525 v. Chr. neu in Betrieb genommen werden. Jerusalem wurde wieder aufgebaut. Dieses Engagement hat in der biblischen Literatur seine Spuren hinterlassen. Was Israel beim Wiederaufbau des Landes erlebt hat, wird zum Bild für Gottes Handeln. Ein „Steinwort" aus Psalm 118 ist durch die Zitation im Neuen Testament unter uns berühmt geworden: „Der Stein, den die Bauleute verworfen haben, der ist zum Eckstein geworden. Vom EWIGEN wurde dies gewirkt, ein Wunder ist es in unseren Augen" (Psalm 118,22.23). Baumaterial, das zunächst aussortiert wurde, prangt am Ende als Giebelstein und erzählt von dem Gott, der sich von angeblich unveränderlichen Gegebenheiten nicht beeindrucken lässt. Psalm 102 sieht noch keine Giebel, nur Schutthaufen und Leute, die darin wühlen. Doch diese Menschen, die unter Hohn und Spott Schutt abtragen und Steine sammeln, lassen ein Zukunftsbild entstehen: Gott steht auf, wendet Zions

Ergehen; die Völker und Könige der Erde sehen die Wirklichkeit der Gottheit Israels, die die Welt nicht den politischen und ökonomischen Eigengesetzlichkeiten überlässt. Sie müssen eingestehen: „Ja, der Eine hat Zion erbaut!" (102,17).

Das Engagement von Menschen macht es möglich, vom Kommen des Reiches Gottes zu erzählen. Es geht um Steine und Staub, um Arbeitsdienst und Spenden. Doch dieses Engagement im Bereich von Politik und Gemeinwesen schafft Bilder für die Vision von Gottes Reich und macht sprachfähig für Gottes Zukunft. Die aus dem Neuen Testament bekannten Reichgottes-Gleichnisse leben von diesem untrennbaren Zusammenhang. Die Witwe, die gegen den unrechten Richter kämpft, macht es möglich, von dem kommenden Gerechtigkeitshandeln Gottes zu erzählen, die Suche nach einer verlorenen Münze gibt Worte für das Wirken des Gottesreiches. So wird die Arbeit an den Trümmern von Bildern einer Zeitenwende begleitet. Auch in erbärmlichen Zeiten wird eine Zeit des Erbarmens denkbar und erzählbar. Wo Frauen und Männer ihre Zeit und ihr Geld für den Wiederaufbau Zions einsetzen, ist die neue Welt Gottes nahe herbeigekommen.

Im Gebet wird der untrennbare Zusammenhang von göttlichem und menschlichem Handeln erfahrbar. Psalm 102 ist Gebet und Reflexion des Gebetes. Am Anfang steht die Erfahrung der Gottesferne. Psalm 102 beginnt mit dem Schrei „Du, der Eine, höre mein Gebet, mein Hilfeschrei komme zu dir!". Keine Stimme aus dem Himmel antwortet, kein Windbrausen ordnet die Steinhaufen. Wer betet, lebt mit der quälenden Frage, ob menschliches Beten überhaupt eine Adressatin findet. Dann aber spricht Psalm 102 die Überzeugung aus, dass die Anfechtung endet. Eines Tages werden die Völker und ihre Regierungschefs sprechen: „Der Eine hat Zion erbaut, er lässt seine eigene Würde dort sehn, er hat sich dem Gebet des Entblößten zugewandt, nicht missachtet hat er ihr Gebet" (102,17.18). Die Arbeit am Wiederaufbau des Landes wird Gottes Konto gutgeschrieben. Wo Trümmerfrauen und Bauleute Steine schleppten, wird man sagen „Gott hat gebaut" und „Es war ihr Gebet". Gottes Antwort ist als eine Geschichte unter Menschen erfahrbar geworden. Das Gebet malt diese Antwort aus und nimmt sie vorweg. Es ist Teil eines Beziehungsgeschehens, Schrei zur Ewigen und Erfahrung ihrer Gegenwart. Der gesamte Psalter, der die Psalmen in fünf Büchern als Gottes Wort und Weisung überliefert, bezeugt diese Erfahrung. Unser Beten zu Gott ist Gottes Geschichte. Menschenwort und Gotteswort werden eins. Gerade im Gebet erfahren wir, dass Gott sich untrennbar mit uns Menschen verbunden hat.

Kostbar und unverzichtbar ist unser Gebet für die, die nach uns kommen. „Es wird aufgeschrieben für ein spätes Geschlecht, damit ein Volk, das noch erschaffen werden muss, Gott preisen kann" (102,19). Das Gebet macht Geschichte erzählbar. Wir selbst, die wir in einem neu gestalteten Europa nach dem deutschen Faschismus leben, haben diese Erfahrung gemacht. Wir können an die Hoffnungen von Verfolgten und Ermordeten anknüpfen und ihre Geschichte erzählen. Es ist nicht die Gnade der späten Geburt, dass wir in Frieden mit demokratischen Strukturen leben können. Die Hoffnungen der Menschen, die im Faschismus entrechtet wurden, haben unser Zusammenleben vorbereitet. Ihr geistiger und physischer Widerstand gegen die Vernichtung hat der Gewalt den Sieg bestritten. Wir können erzählen, dass die Hoffnungen und Gebete der Verliererinnen und Besiegten die Architektur dieser Welt verändern. Und so brauchen auch die Generationen, die noch nicht sind, unsere Gebete, um sprachfähig zu werden. Sie werden erzählen können, dass „der Eine vom Himmel aus zur Erde blickte, um das Stöhnen der Gefangenen zu hören, um Todgeweihte freizulassen" (102,20.21). Die kommenden Generationen können auf den langen Atem von Frauen und Männern zurückblicken. Sie bekommen Vorgängerinnen und Vorgänger, sie werden von deren Hoffnung beansprucht, sie werden Teil einer Geschichte von Sehnsucht und Widerstand. Und sie können von der Stimme der Menschlichkeit und von Erbarmen erzählen, das nicht korrumpiert werden kann – von dem Namen Jhwh, von der Einen, die Gewalt und Tod bestreitet. Im Gebet und im Nachdenken über das Gebet beschreibt Psalm 102 messianische Praxis – die Berührung von Himmel und Erde. Trotz großer Not ist er von der Erfahrung durchdrungen, dass Gottes neue Welt im Engagement von Menschen auf dieser Erde Raum gewinnt. Am Ende greift er deshalb – wie viele Psalmen des 4. Psalmenbuches – in das Gespräch um die verloren geglaubte Davidverheißung ein. Er formuliert die Gewissheit dieser messianischen Praxis mit Worten der alten Verheißung.

> Gottes Zusage an David, wie Psalm 89,4 f. an sie erinnert hat, lautet:
> Ich habe David meinem Knechte geschworen: In Ewigkeit gebe ich deinem Samen Bestand.

> Psalm 102,29 spricht diese Zusage nach:
> Die Kinder deiner Knechte werden bleiben, ihr Same wird vor deinem Antlitz Bestand haben!

Das Versprechen, das Gott David gegeben hat, ist in Kraft und gilt allen, die mit Gott unterwegs sind. Was sie säen, leiblich und geistlich, hat

Bestand. Ihr Leben wird Früchte tragen und Gottes Engagement für eine bewohnbare Erde zu Gute kommen.

Vergebung der Sünden
Psalm 103

Das Nebeneinander von Erwartung des Reiches Gottes und den Zeichen seiner Gegenwart kennzeichnet unsere Glaubensüberlieferung. Die Verkündigung Jesu im neuen Testament ist davon geprägt. Das Reich Gottes ist „nahe herbeigekommen" (Markus 1,15), es ist gegenwärtig „mitten unter euch" (Lukas 17,21), und doch ist es eine zukünftige Wirklichkeit. „Dein Reich komme" lehrt Jesus seine Schülerinnen und Schüler beten (Matthäus 6,10; Lukas 11,2). Sie erwarten eine Zeit, in der Entrechtete zu essen haben und zu ihrem Recht kommen (Lukas 22,30). Die Königsherrschaft Gottes ist gegenwärtig erfahrbar und steht doch aus, sie ist „schon da" und „noch nicht" da. Die Psalmen 101–104 lehren dieses doppelte Verständnis der Zeiten. Sie schulen den Blick für das, was schon da ist, und geben der Sehnsucht Sprache, für das, was noch kommen muss.

Psalm 103 betont die Präsenz der neuen Welt Gottes. Die Zeitenwende ist gegenwärtig erfahrbar. Sie kommt nahe in der Zuwendung des Gottes, „der dir alle deine Schuld vergibt" (103,3). In der Vergebung wird Gott erfahrbar, der „all deine Erkrankung heilt, der dein Leben aus dem Grab befreit, dich mit Güte und Barmherzigkeit krönt, deine Reife sättigt mit Gutem, dass sich deine Jugend erneuert wie ein Adler!" (103,3–5). Eine kleine Gruppe von Frauen in einem Altersheim meiner Vikariatsgemeinde gehört für mich zu diesen Sätzen. Die eine der Frauen litt sehr unter ihrer Blindheit, alle waren gebrechlich und trugen schwer an Verlusten naher Menschen. Der Psalm 103 war einer ihrer Lieblingspsalmen. Wir haben ihn regelmäßig gebetet. Die Rede von Heilung war eine Provokation angesichts unseres kläglichen Grüppchens – die Provokation des gegenwärtigen Gottesreiches. Es bedarf spiritueller Disziplin, diese Gegenwart zu sehen. Psalm 103 lehrt diese Disziplin. Er redet gegen das Vergessen. „Vergiss seine Wohltaten nicht!", ermahnen die Betenden sich selbst (103,2). Der gesamte Psalm ist durch die Selbstaufforderung „Segne die Ewige, meine Seele" gerahmt (103,1.2 u. 22). Er schult eine Spiritualität des Widerstands, die unsere Erfahrungen ordnen und gewichten will. Einer Erfahrung sollen wir alles Gewicht geben: Wo uns vergeben wird, erneuert sich unser gesamtes Leben und das Gottesreich ist gegenwärtig.

Die jüdischen Gelehrten, deren Diskussionen der Talmud gesammelt hat, behaupten, dass David sich in Psalm 103 an sein Heranwachsen im Mutterleib erinnert und der Zeit gedenkt, in der er gestillt worden ist. Anstoß zu dieser Überlegung gibt das Wort „Wohltaten" (*gamul*, 103,3), das auch „Säugling, abgestilltes Kind" bedeutet. Die Weisen Israels verknüpfen die Erfahrung der Vergebung mit dem Wunder der Geburt – eine Verknüpfung, der Hannah Arendt in ihren philosophischen Texten nachgegangen ist.[4] Wo mir vergeben wird, erfahre ich, was mein Leben von Geburt an ausmacht. Ich verdanke mich anderen. Mein Leben wird mir von anderen geschenkt. Ich werde geboren, genährt, erzogen – und verspielte Handlungsmöglichkeiten werden mir in der Vergebung neu eröffnet, vertane Chancen neu geschenkt. Wo Vergebung geschieht, wiederholt sich das Wunder des Anfangs menschlichen Lebens im menschlichen Miteinander.

Christinnen und Christen führt das Thema Vergebung ins Zentrum ihres Glaubens, aber auch an einen seiner wunden Punkte. Die Kirche verkündigt die Vergebung der Sünden in Jesus Christus. Martin Luther hat deshalb auch den Psalm 103 auf Jesus Christus gedeutet und geschrieben: „Solches alles geschieht in Christus."[5] Der wunde Punkt liegt in der Privatisierung. Gottes Vergebung und sein Reich eignen sich Einzelnen als private Hoffnung völlig unabhängig von Gesellschaft und Umwelt im Glauben an. Denn Vergebung wird gelehrt als Begnadigung vor dem göttlichen Richterstuhl, die Jesus Christus bewirkt – so hat die Evangelische Kirche in Deutschland, die sich als „Kirche der Freiheit" positioniert hat, gerade in den vergangenen Jahren immer wieder betont. Diese Privatisierung prägt die Auslegung von Psalm 103.

Der Psalm wird nicht mehr als direktes Christuszeugnis gelesen, wie Luther es getan hat. Die historisch-kritische Forschung der Neuzeit verpflichtet die Auslegenden, nach der Eigenaussage eines Textes in seinem historischen Kontext zu fragen. Zugleich gibt sie den Auslegenden jedoch ein Machtmittel an die Hand, das es ihnen ermöglicht, dogmatische Lehrtraditionen des Christentums in einen Text hineinzuzwingen: die Zuordnung verschiedener Verse an verschiedene Autoren und verschiedene Zeiten. Noch der Psalmenkommentar von Frank-Lothar Hossfeld und Erich Zenger von 2008 geht bei der Auslegung von Psalm 103 so vor. Er trennt die Verse 15–18 ab und behauptet, dass es einen ursprünglichen Psalm gegeben habe, zu dem diese Verse 15–18 nicht dazugehörten. Nur der Grundpsalm sei die „Magna Charta der Sündenvergebung". Die Verse 15-18 habe erst ein Späterer hinzugefügt, um die freie Gnade Gottes zu korrigieren. Die Verse 15–18 sprechen nämlich von Menschen, „die Gottes Verordnungen gedenken, sie zu tun“. Die Rede vom menschlichen Tun ist aber nach dem Maßstab der traditionellen christlich-reformatorischen Lehrtradition eine der Vergebung widersprechende Aussage. „Gegenüber der Magna Charta der Sündenvergebung im Grundpsalm wird nun (in diesen umstrittenen Versen 15–18) eine andere Richtung anvisiert“, lautet der Kommentar. „Neben Gottes Liebe wird seine Gerechtigkeit angesichts des Verhaltens Israels wieder ins Spiel gebracht. Bei aller Großzügigkeit Gottes muss auch sein Urteil über den menschlichen Gesetzesgehorsam zum Zuge kommen.“[8] Die Gelehrten basteln sich einen eigenen Psalm, der der traditionellen christlichen Lehrtradition entspricht: Sündenvergebung ist freie Gnade, und die Rede vom menschlichen Tun gerät in diesem Zusammenhang sofort unter den Verdacht der Werkgerechtigkeit und wird deshalb ausgeschieden. Gottes Liebe und Vergebung sind Teil einer individualisierten religiösen Erfahrung. Gemeinschaftsgestaltung und menschliches Tun werden unter dem Emblem „Gesetzesgehorsam“ der Liebe Gottes gegenübergestellt. Damit leben auch alte Kontraste weiter, mit denen das Christentum jahrhundertelang das Judentum und die Hebräische Bibel diffamiert hat. Christen und Christinnen legen sich eine individualisierte Religion zurecht, der die Liebe Gottes zur Welt, die im Gesetz Gestalt gewinnt, verloren geht.

Psalm 103 wird in dieses Schema „Gesetz und Evangelium“ hineingezwungen, obwohl er vom Gegenteil erzählt. In diesem Psalm ist Mose – d. h. das Gesetz – der Gewährsmann für die Sündenvergebung. Der Psalm spricht die Gotteserfahrung nach, die Mose nach der Geschichte mit dem goldenen Kalb gemacht hat (vgl. 2. Mose 34,6), und erzählt von einer „barmherzigen und mitfühlenden“ Gottheit, „langsam zum Zorn und reich an Freundlichkeit“ (103,8). Mose wird als Zeuge ausdrücklich benannt. Weil Gott „Mose seine Wege zu wissen gab“ (103,8), weiß der Psalm von dem Gott, der sich wie ein Vater seiner Kinder erbarmt. In Psalm 103 redet nicht das Alte Testament (Mose) von Christus, sondern der Christus (David) redet von Mose. Im Gesetz finden wir das Evangelium von Gottes Erbarmen und von der Vergebung der Sünden.

Der Lobpreis des vergebenden Gottes wird mit Gottes Gerechtigkeitstaten begründet: „Der Ewige tut Gerechtigkeitstaten, Rechtsentscheidungen, allen, die unter Gewalt leiden. Seine Wege gab er Mose zu wissen, den Kindern Israels sein Handeln“ (103,6–7). Psalm 103 entfaltet in seinem Hauptteil (103,6–18) Gottes Gerechtigkeit als Quelle von Erbarmen und Vergebung. Unter dem Stichwort „Gottes Gerechtigkeit“ wird an Israels Befreiungsgeschichte erinnert. Gott hat für unterdrückte Sklavinnen und Sklaven Partei ergriffen und sie in gemeinschaftlichem Leben unterwiesen. Die für die Hebräische Bibel charakteristische Bedeutung des Wortes Gerechtigkeit wird deutlich. Gerechtigkeit (*zädäq/zedaqa*) bezeichnet Gottes befreiende Taten, die gemeinschaftliches Leben möglich machen. Gottes Gerechtigkeit – das ist sein Engagement für Menschen, die Gewalt erleiden. Martin Buber und Franz Rosenzweig übersetzen deshalb mit „Bewährung" oder „Bewahrheitung". Gott bewährt sich. Er bewahrheitet seine Verheißungen. Dabei geht es um gutes und gerechtes Leben im Diesseits. Ich betone diese diesseitige Zielrichtung, weil Gottes Gerechtigkeit in den Kirchen jahrhundertelang als Gottes Eigenschaft ausgelegt wurde, *gerecht* zu strafen und zu belohnen und ewiges Leben oder ewige Verdammnis zuzuteilen. Zwar gehörte zu der reformatorischen Wende Martin Luthers die Einsicht, dass Gottes Gerechtigkeit eine Heilstat ist. Die befreiende Stoßrichtung der biblischen Rede von Gerechtigkeit wurde wieder entdeckt. Der gerechte Gott ist der Gott, der vergibt. Und doch prägt die alte Reduktion, die bei Gerechtigkeit an Strafe in der Hölle und Belohnung im Himmel denkt, den christlichen Glauben bis heute. Denn der Richterstuhl Gottes blieb die Bühne des Geschehens. Vor Gottes Richterstuhl erfahren je Einzelne einen gnädigen Gott, hier erleben sie Gerechtigkeit als Rechtfertigung und Befreiung zum ewigen Leben. Der Gott, der aus Sklaverei befreit, wird auf seinen Richterstuhl verbannt. Gottes befreiende Parteinahme wird auf einen individuellen Freispruch reduziert.

In Psalm 103 wurzelt jedoch die individuelle Neugeburt in einer kollektiven Erfahrung. Eine Rechtsordnung, die Gewaltopfern zugute kommt, ist die Quelle, aus der die Gewissheit über die Barmherzigkeit Gottes fließt. Deshalb gehören Gottes Vergebung und menschliches Tun zusammen. Nicht etwa, weil die Einzelnen sich ihre Vergebung erarbeiten müssen oder erkaufen könnten, sondern weil ihnen die Vergebung Gottes durch Mitmenschen, die etwas tun, erfahrbar wird. Wenn „Menschen, die Gottes Verordnungen tun" in unserem Kopf in Widerstreit geraten zu der freien Gnade Gottes, denken wir Gottes Geschichte mit uns Menschen als individualisierte, isolierte Zweierbeziehungen. Die Bibel tut das nicht. Wo wir Gott suchen, geraten wir in eine Dreiecksbeziehung. Gottes freie Gnade erfahren wir in menschlicher Treue. Wo Gemeinschaft aufgebaut und gelebt wird, wird Gottes Vergebung erfahrbar. So sind in Psalm 103 die Begriffe „Rechte" und „Verordnungen" gefüllt mit Erinnerungen an Vergebung und Lebenserneuerung. Frauen und Männer, die in Freiheit alt werden können, werden hinter diesen Begriffen sichtbar. Das Gebot, die alten Eltern zu ehren, gehört zur Grundordnung des Lebens. Gnade, nicht Leistung soll das

Leben ordnen. Menschen dürfen nicht nach ihren Leistungen bewertet werden. Deshalb haben Bäuerinnen und Bauern auch bei selbstverschuldeter Verarmung ein Recht auf Entschuldung und einen Neuanfang. Israels Grundgesetz regelt einen Schuldenerlass alle sieben Jahre. Auch eine Landreform alle fünfzig Jahre ist vorgesehen. Erbarmen und Vergebung sind die Zentralbegriffe der politischen Ordnung – erfahrbar in einem Stück Ackerboden, der wieder bewirtschaftet wird und auf dem ich alt werde, auch wenn ich nicht mehr kann. Versteht mich bitte nicht falsch, als würde Strafe bei Rechtsverstößen in der biblischen Rechtstradition keine Rolle spielen. Natürlich tut sie das. Die Frage ist aber, was steht im Zentrum des Rechts. Steht im Zentrum des Rechts die Bestrafung von Delikten? Ist Gerechtigkeit die gerechte Strafe, die einen Dieb ereilt? Oder hütet das Recht eine Lebensordnung, in der niemand an den Bettel kommt, und ist Gerechtigkeit die Suche, die Menschen immer wieder einen neuen Anfang ermöglicht? In der Bundesrepublik Deutschland sieht das Grundgesetz das Recht in der Verantwortung, die unantastbare Menschenwürde zu schützen. Insofern gehört es zur Demokratiefähigkeit der evangelischen Kirche, den konstruierten Widerspruch zwischen Gesetz und Erbarmen zu verabschieden. In unseren Köpfen bildet immer noch die Zwei-Reiche-Lehre Gleichnisse des Reiches Gottes. Diese Lehre hatte die Vergebung dem geistlichen Bereich zugeordnet, der Welt aber Strafe und Zucht gelehrt. Neben seinem Jubel über Gottes Gnade konnte Martin Luther mit Blick auf die Ordnung der Gesellschaft predigen, „das man das ubel straffen und die leut zu zucht, erbarkeyt und billigkeyt halten soll. Darumb hat es die meynung nicht, das ein vatter seinen kindern alles vergeben und jnen zu jr schalckheyd zusehen solt. Straffen soll er und gar nichts vergeben. Also Herr und Fraw mit dem gsind, Weltlich Obrigkeyit mit jren unterthanen, sollen nit vergeben, was man unrecht thut, sondern straffen."[9]

In Psalm 103 gründet die Erfahrung der Vergebung in einer guten Ordnung des Lebens, und sie ermöglicht den Aufbau einer Lebenssordnung. Darum geht es in den Versen 15–18. Sie nehmen den Gemeinwesenaufbau in den Blick. Von Menschen, die eine Lebensordnung in die Tat umsetzen, ist die Rede. Ihr Tun ist nicht selbstverständlich. Im Hintergrund des Psalms steht die fruchtbare Erfahrung, dass die Suche nach egalitärem Miteinander gescheitert ist. Übrig geblieben ist das Gefühl, das Leben selbst wäre Scheitern. Psalm 103 formuliert dieses Lebensgefühl ähnlich wie die Psalmen 89 und 90: „Das Menschlein, wie Gras sind seine Tage, wie die Blume des Feldes, so blühts, wenn der Wind darüber geht, ist sie weg, und ihr Ort kennt sein nicht mehr"

(103,15.16). Die Barmherzigkeit Gottes widerspricht dieser Leere. Die Gnade Gottes eröffnet neue Handlungsräume. Darauf läuft die Rede von Vergebung im Psalm 103 hinaus:

Anfang des Hauptteils
6 Der Ewige tut Gerechtigkeitstaten,
Rechtssetzungen allen Unterdrückten.
7 Seine Wege gab er Mosche zu wissen,
den Kindern Israels sein Handeln:
Mitte des Hauptteils:
8 Barmherzig und gnädig ist der Ewige
Langsam zum Zorn und reich an Freundlichkeit
9 Nicht immer bleibt er im Streit,
nicht auf Dauer ist er zornig.
10 Nicht nach unseren Sünden hat er uns bewertet,
nicht nach unserer Schuld an uns gehandelt …
Ende des Hauptteils
17b seine Gerechtigkeit (gilt) den Kindern der Kinder
18 denen, die seinen Bund hüten,
denen, die seiner Verordnungen gedenken, sie zu tun.

Die Worte „tun", „Gerechtigkeit" und „Kinder" rahmen den Hauptteil des Psalms, der die erbarmende Gottheit verkündigt (103,6–18). Die Form zeichnet den Inhalt nach: Gottes Engagement für Befreiung und Recht schafft einen Raum, in dem Menschen Barmherzigkeit und Gnade erfahren. Schließlich führt die Vergebung, die im Raum einer Lebensordnung erfahrbar wird, zur Gestaltung neuer Lebensräume. Frauen und Männer versuchen, Gemeinschaft egalitär zu gestalten. Ihnen gilt die Verheißung, dass sie sich nicht verlieren wie Gras. Gott steht ihnen in seinem Engagement für gutes gemeinschaftliches Leben zur Seite. Noch die Kindeskinder werden davon zehren.

Die Wiederherstellung der Schöpfung
Psalm 104

Lange bevor christliche Theologinnen und Theologen den Psalter als Buchkomposition entdeckt haben, wurden in der jüdischen Tradition die Psalmen 103 und 104 zusammen gelesen. Israels Weise haben beobachtet, dass der Refrain „Segne den Ewigen, meine Seele" beide Psalmen rahmt (103,1.22; 104,1.35). Das Gespräch mit der eigenen Seele über die Ausrichtung des Lebens wird fortgesetzt. Auch Psalm 104, der in unseren Erntedankgottesdiensten einen festen Platz hat und nach Naturbeschreibung klingt, ist eine spirituelle „Selbstdisziplinierung".

Psalm 104 übt ein, die Welt von erfahrener Vergebung her zu sehen. Die Wortverknüpfungen zwischen den Psalmen 103 und104 sind an diesem Punkt besonders auffällig.

> Psalm 103 segnet Gott
> „der all deine Schuld vergibt …, der deine Reife sättigt mit Gutem,
> dass sich deine Jugend wie ein Adler erneuert" (4 f.)
> der so handelt, weil er „gedenkt, dass wir Staub sind" (14).

> Psalm 104 sieht in der Welt:
> „Du öffnest deine Hand, sie ersatten an Gutem.
> Du birgst dein Antlitz … sie verscheiden und kehren zu ihrem Staub.
> Du schickst deinen Geist aus, sie sind erschaffen und du erneuerst das Antlitz des Bodens" (104,28–30).

Die Begriffe „mit Gutem sättigen" werden wiederholt. Von der Rückkehr zu „Staub" und der „Erneuerung" des Lebens ist in beiden Psalmen die Rede. Das Thema von Psalm 103 ist die Erneuerung des Lebens, die geschieht, wo uns vergeben wird. Aber was ist in Psalm 104 gemeint? Worum geht es, wenn sich das „Antlitz des Bodens erneuert"? Um die Erneuerung von Fauna und Flora im Kreislauf von Vergehen und Werden? Um wiederkehrende Frühlingsblüte und frisches Grün? Die Verknüpfung der Psalmen 103 und 104 deutet darüber hinaus. Psalm 104 sieht in der Welt die Neugeburt von Gemeinschaft, die die Vergebung wirkt. In der Schöpfung sieht der Psalm Gottes Reich kommen. Psalm 104 erdichtet eine Erneuerung der Erde ohne den Kreislauf von Fressen und Gefressenwerden.

Ein Zugang zu diesem Psalm 104 war mir lange Zeit verbaut, u. a. durch den Unfrieden mit seinem Gebrauch in unseren Erntedankgottesdiensten. Der Schrei „Verschwinden sollen die Verbrecher von der Erde, Gewalttätige sollen nicht mehr sein", mit dem der Psalm endet (103,35), fehlt im Evangelischen Gesangbuch. Wir feiern, als würden wir ohne Not den gepriesenen Gott in der Natur finden. Besonders zu dem viel zitierten Versen „Sie alle warten auf dich, dass du ihnen ihre Nahrung gibst zu ihrer Zeit" (104,27) fehlte mir der Zugang. Von den kleinen und großen Tieren der Wildnis ist hier die Rede. Besonders ausführlich kommen die Löwen zur Sprache. Von den Junglöwen heißt es, dass sie, wenn sie nach Beute brüllen, von Gott ihre Nahrung fordern (104,21). Diese Raubtiere stehen mit ihrem Gottesbezug exemplarisch für alle Kreatur, die von Gott Nahrung erwartet. Ich tue mich schwer damit. Und ich möchte meinen Vorbehalt festhalten, auch wenn der Schutz der Ökosysteme angesichts des Klimawandels eine Überlebensfrage ist. Doch auch bei der Suche nach Ökogerechtigkeit möchte ich die Bedeutung von Gerechtigkeit nicht aus den Naturkreisläufen ableiten und Gottes Gegenwart in der Welt nicht mit dem Ökosystem identifizieren. Denn die Gefahren liegen auf der Hand. Plötzlich gehören Fressen und Gefressenwerden zum Leben, Selektionsprozesse, die die Schwachen aussondern, gelten als gerecht und das Recht des Stärkeren als natürlich und darum göttlich.

Die Abwehr der Vergöttlichung von Naturkreisläufen und einer Vermischung von Natur und Theologie gehört zum Erbe der Bekennenden Kirche. Die Bekenntnissynode in Barmen hatte 1934 die Lehre verworfen, dass irgendwelche „Ereignisse und Mächte, Gestalten und Wahrheiten", die wir in dieser Welt vorfinden, der Kirche als Offenbarung des Willens Gottes gelten dürfen. Damit wurde einer naturgegebenen Ordnung der Welt nach dem Recht des Stärkeren, der Überlegenheit der germanischen Rasse und der Organisation der Kirche nach dem Führerprinzip widersprochen. Die Abkehr von einer natürlichen Theologie, zu der uns die Bekennende Kirche verpflichtet, hat sich für mich in vielen gegenwärtigen gesellschaftlichen Konflikten als lebenswichtig erwiesen. In der Frauenbewegung, im Widerstand gegen die Diskriminierung von lesbischer und schwuler Liebe, in der Arbeit gegen die in Kirchenbänken verbreitete Schicksalsgläubigkeit – überall wo Lebenswege, Zukunftsvorstellungen oder Partnerschaftsbilder aus biologischen Gegebenheiten abgeleitet werden, wurde die theologische Denkbewegung, die Gott und nicht die Welt zum Ausgangspunkt nimmt, ein Teil des Widerstandes. Weder aus unseren Geschlechtsorganen noch aus biologischen Selektionsprozessen und auch nicht aus einer Krankheit, die wir erleiden, lässt sich Gottes Wille für unser Leben herausbuchstabieren. Gerade deshalb liebe ich die biblische Schöpfungsgeschichte, in der Menschen und Tiere Vegetarier/innen sind (1. Mose 1,29 f.). Schöpfung wird als Intervention Gottes in die Natur erzählt, die auf das Miteinander von Löwen und Lämmern, von Menschen und Tieren zielt.

Psalm 104 redet anders. Gott sorgt sich um die real existierenden, Fleisch fressenden Löwen. Er ist der Adressat, wenn sie nach Beute brüllen. Den Schlüssel zum Verstehen dieser Rede gab mir die Nacht. Auch in Psalm 104 ist Gottes schöpferisches Tun eine Intervention, die Leben eröffnet. Davon spricht die Nacht. Mit der Unterscheidung der

Zeiten ermöglicht Gott gemeinschaftliches Leben. Das Lob des Psalms gilt der Gottheit, die „*den Mond gemacht hat für die Zeiten, und die Sonne, die den Ort ihres Untergangs kennt. Du bestimmst, dass Finsternis sei, und es wird Nacht. Dann regen sich alle Lebewesen des Waldes. Die Junglöwen brüllen nach Beute, sie fordern von Gott ihre Nahrung. Geht die Sonne auf, ziehen sie sich zurück in ihre Wohnungen und legen sich nieder. Heraus geht der Mensch, an sein Werk, an seine Arbeit bis zum Abend*" (104,19–23). Die Raubtiere haben eigene Zeiten und Räume. Sie bekommen die Nacht. Sie können leben, ohne die Menschen und ihre Haustiere zu gefährden. Keine Zoologie, sondern Theologie ist dieses Nachdenken. Denn Löwen jagen durchaus auch tagsüber, wenn sich ihnen die Gelegenheit bietet. Angesichts der Gefährdung des Lebens und der Fraglichkeit aller Versuche, eine Menschen und Tieren gerechte Lebensordnung zu schaffen, wird die Nacht zur Botschafterin Gottes. Die Nacht, die Tag für Tag dem Licht des Tages weicht, erzählt davon, dass wir den Gefährdungen nicht ausgeliefert sind. Die Nacht, die die Finsternis benennt und begrenzt, deutet die Nachtaktivität der Räuber. Sie wird zum Zeichen, dass in allem Geschaffenen die Sehnsucht nach Frieden und Versöhnung lebt. Die Erfahrung, dass Löwen in der Dämmerung aktiv werden und nachts jagen, wird zur konkreten Utopie. Die Tiere wollen von Gott nicht einfach Fressen, sie wollen Nahrung „zu ihrer Zeit" (104,27). Sie wollen teilhaben an gemeinschaftlichem Leben. Ihr Verlangen nach Nahrung zu je eigenen Zeiten ist Sehnsucht nach friedlichem Miteinander, nach einer Erde, die für alle Lebewesen ein guter Ort zum Wohnen ist.

Psalm 104 gehört im Judentum zur Liturgie am Rosch Chodèsch, dem Neumondtag. Der Vers „Gott hat den Mond gemacht für die Zeiten" bildet die Brücke. Auch durch diesen liturgischen Ort wird das Nachdenken über die Zeiten zum Verstehensschlüssel des Psalms. Rosch Chodèsch ist der Tag der Erneuerung. Das hebräische Wort Neumond, *chodèsch*, kommt vom Wortstamm *chadèsch*, der „erneuern" bedeutet. Dieser Tag fällt „unter den großen jüdischen Feiertagen nicht auf. Und doch bildet dieser Tag sozusagen den Eckstein im Bauwerk des Festkalenders."[10] Denn durch das Erscheinen des Mondes weiß Israel, wann es seine Feiertage feiern soll. Die Kreislaufbahn des Mondes hat Teil an dem Gespräch und der Geschichte des Ewigen und seines Volkes. Der Zyklus des Mondes dient den Menschen, Befreiungsgeschichte zu feiern und zu erzählen. Er strukturiert den Festkalender. Er erzählt von der Rückkehr des Lichts und von der Erwartung der Befreiung. Der Mondzyklus bildet das Paradigma für die Naturkreisläufe. Sie sprechen nicht an und für sich – etwa von der ewigen

Wiederkehr des Gleichen ohne Umkehr und Veränderung. Sie haben Teil an Gottes Gespräch mit seinem Volk. Sie sprechen von einem neuen Beginn, von einer Zeit, in der die Verbrecher und Gewalttätigen von der Erde verschwunden sind. Der Mond ist in jüdischer Überlieferung ein Zeichen für *tikkun olam* – die Wiederherstellung der Schöpfung.[11] Eine alte Midraschtradition erzählt davon, dass im Anfang der Zeit die Schöpfung vollkommen war, dann aber ein Einbruch geschah, der erst in den Tagen des Messias geheilt werden wird. Zu den Dingen, die dabei verloren gingen, gehört das Licht des Mondes, das einst wiederhergestellt wird. Dabei wird auf das Jesajabuch verwiesen: „Dann wird das Licht des Mondes sein wie das Licht der Sonne" (Jesaja 30,26). Von dieser Wiederherstellung der Schöpfung erzählt auch Paulus im Römerbrief. Er sieht die Schöpfung der Nichtigkeit unterworfen und voller Sehnsucht nach Erlösung. Dabei meditiert er den Psalm 104 – davon bin ich überzeugt. Er deutet das „Warten" der Tiere auf ihre Nahrung zu eigenen Zeiten und spricht von der „sehnsuchtsvollen Erwartung der Schöpfung auf das Offenbarwerden der Kinder Gottes" (Römer 8,19). Alle Kreatur erzählt davon und hofft darauf, dass die Vergebung, die die Gemeinschaft der Kinder Gottes formt, die Geschichte bestimmen wird: gelebte Geschwisterlichkeit von Mensch und Kreatur. Die gesamte Schöpfung ist auf dieses gewaltfreie Miteinander ausgerichtet und arbeitet daran.

Psalm 104 hofft auf die Wiederherstellung der Schöpfung und wagt zu behaupten, dass Sterben und Vergehen auch für die Tiere eine Erfahrung von Gottesferne ist: *„Du birgst dein Antlitz, sie werden verstört, du ziehst ihren Geist ein, sie verscheiden und kehren zu ihrem Staub. Du schickst deinen Geist aus, sie sind erschaffen und du erneuerst das Antlitz des Bodens"* (104,28–30). Der Kreislauf von Fressen und Gefressenwerden wird nicht vergöttlicht. Ihm wird eine Grenze gesetzt. Der Lebenshunger, der allen Kreaturen gemeinsam ist, richtet sich auf die Neugestaltung des Lebens. Kein Gegeneinander in der Nahrungssuche, gutes Miteinanderleben geht von Gott aus und ist schon jetzt als Sehnsucht in allem Geschaffenen lebendig. Die Nacht erzählt, dass dieser Tag kommt.

1 Egbert Ballhorn, Zum Telos des Psalters. Der Textzusammenhang des Vierten und Fünften Psalmenbuches (Ps 90–150), Berlin, Wien 2004, 113.

2 Zitiert nach Frank-Lothar Hossfeld / Erich Zenger, Die Psalmen II. Psalm 51–100 (NEB 40), Würzburg 2002, 416.

3 Egbert Ballhorn, Vom Telos des Psalters. Der Textzusammenhang des Vierten und Fünften Psalmenbuches (Ps 90–150) (BBB 138), Berlin, Wien 2004, 77.

4 Edmond Fleg, Der Tod Moses, in: Friedrich Thieberger, Jüdisches Fest, jüdischer Brauch, Nachdruck der im Jahr 1937 von den nationalsozialistischen Behörden beschlagnahmten und vernichteten Erstauflage, Königstein/Ts. 1985, 3. Auflage, 334–336, 334.

5 Friedrich-Wilhelm Marquardt, Eia, wärn wir da – eine theologische Utopie, Gütersloh 1997, 55.

6 Zu Hannah Ahrendt siehe Magdalene L. Frettlöh, „Der Mensch heißt Mensch, weil er ... vergibt“? Philosophisch-politische und anthropologische Vergebungs-Diskurse im Licht der fünften Vaterunserbitte, in: Wie? Auch wir vergeben unsern Schuldigern? Mit Schuld leben, Jabboq 5, Gütersloh 2004, 179–215.

7 Martin Luther, Psalmenauslegungen, hg. Erwin Mülhaupt, 3. Bd., Psalmen 91–150, Göttingen 1965, 139.

8 Frank-Lothar Hossfeld / Erich Zenger, Psalmen 101–150 (HThKAT), Freiburg 2008, 61.

9 Zitiert nach Magdalene L. Frettlöh, „Der Mensch heißt Mensch, weil er ... vergibt“? Philosophisch-politische und anthropologische Vergebungs-Diskurse im Licht der fünften Vaterunserbitte, in: Wie? Auch wir vergeben unsern Schuldigern? Mit Schuld leben, Jabboq 5, Gütersloh 2004, 179–215, 183.

10 Yehuda Aschkenasy u. a., Die jüdischen Feste, Uelzen 2010, 130.

11 Yehuda Aschkenasy u. a., Die jüdischen Feste, Uelzen 2010, 147.